厚植生态文明，践行立德树人

环境类专业实践思政育人模式探索与实践

郝文佳　农庆能　殷　明　著

团结出版社

© 团结出版社，2024 年

图书在版编目（CIP）数据

厚植生态文明，践行立德树人：环境类专业实践思
政育人模式探索与实践 / 郝文佳，农庆能，殷明著 .
北京：团结出版社，2024. 10. -- ISBN 978-7-5234
-1220-6

I. G641

中国国家版本馆 CIP 数据核字第 20245M67C7 号

责任编辑：尹　欣
封面设计：雅　琪

出　　版：团结出版社
　　　　　（北京市东城区东皇城根南街 84 号　邮编：100006）
电　　话：（010）65228880　65244790
网　　址：http://www.tjpress.com
E-mail：zb65244790@vip.163.com
经　　销：全国新华书店
印　　装：武汉鑫佳捷印务有限公司

开　　本：170mm×240mm　　16 开
印　　张：12　　　　　　　　字　　数：210 千字
版　　次：2024 年 10 月　第 1 版　　印　　次：2024 年 10 月　第 1 次印刷

书　　号：978-7-5234-1220-6
定　　价：72.00 元

前 言

在当今社会，环境问题日益凸显，生态文明建设已成为全球关注的焦点之一。作为环境保护与治理的中坚力量，环境类专业人才的培养显得尤为重要。然而，传统的专业培养模式已经无法适应时代的发展需求，急需探索新的教育模式，以培养具有生态文明理念和高水平专业能力的环境类人才。

本书旨在深入探讨环境类专业人才培养的现状、问题与挑战，提出实践思政育人模式的构建框架和实施路径，以期为环境类专业的教育改革与发展提供理论支撑和实践指导。第一章是导论，首先介绍了研究的背景与意义，阐述了研究的目的与内容概述，最后介绍了研究方法与框架，为后续章节的展开奠定了基础。第二章从生态文明理念与人才培养的角度出发，探讨了生态文明的概念与内涵，以及生态文明与高等教育的关系，重点分析了生态文明对环境类专业人才培养的影响。第三章围绕思政教育与环境类专业展开，探讨了思政教育在高校的地位与作用，以及思政教育与环境类专业的关系，提出了思政教育与环境类专业人才培养的结合方式。第四章重点介绍了环境类专业实践教学模式，包括实践教学在环境类专业中的地位与作用、实践教学模式的发展与演变，以及环境类专业实践教学的特点与优势。第五章探讨了立德树人在环境类专业实践中的体现，包括立德树人理念的内涵与要求、环境类专业实践中的立德树人实践，以及环境类专业学生的思想道德素养培养与评价。第六章分析了环境类专业人才培养的现状与问题，包括现状与发展趋势、存在的问题与挑战，以及需要解决的关键问题与对策建议。第七章提出了实践思政育人模式的构建，包括模式的基本原则、构建框架，以及关键要素与实施路径。第八章对实践思政育人模式进行了评估与改进，包括评价指标体系、评估方法与工具，以及模式改进与优化的途径与措施。

本书旨在为环境类专业人才培养提供一种全新的思路与方法，希望能够为相关领域的教育工作者、决策者和学生提供参考与借鉴，共同推动生态文明建设和可持续发展的实现。

2024.4

Contents

目　录

第一章　导论

第一节　研究背景与意义

一、研究背景

在当前社会背景下，环境问题日益突出，资源的有限性和环境的脆弱性成为人类社会发展面临的重大挑战。环境污染、生态系统退化、气候变化等问题已经严重影响着人类的生存和发展，使得人与环境的关系日益紧张。作为社会发展的重要组成部分，环境类专业人才的培养显得尤为重要。

首先，随着工业化和城市化的不断推进，环境污染问题日益严重。大气污染、水污染、土壤污染等成为城市发展过程中不容忽视的问题。环境类专业学生的培养对于解决这些问题具有重要意义，他们将成为未来环境治理和保护的中坚力量，担负着监测、评估、预防和治理环境污染等任务。其次，资源的有限性和环境的脆弱性使得人类社会必须转向可持续发展的道路。环境类专业的学生需要具备跨学科的知识和技能，能够综合运用自然科学、工程技术、社会管理等方面的知识，推动经济社会与自然生态系统的协调发展。另外，生态文明建设成为人类社会发展的重要目标。生态文明强调人与自然的和谐共生，倡导绿色发展和循环利用，要求人们树立正确的环保理念和生活方式。环境类专业的学生应当成为生态文明建设的先锋力量，引领社会向着可持续发展的方向迈进。

在这样的背景下，加强对环境类专业学生的思想政治教育尤为重要。思政教育不仅是知识传授，更是价值引领，是培养学生正确的人生观、世界观和价值观的有效途径。将思政元素融入环境类专业的实践教学中，不仅可以丰富教学内容，提高学生的政治素养，还能有效提升人才培养的质量。

当前，高校环境类专业课程思政教学改革已经成为教育界关注的焦点。课程思政的实施不仅是对学科教学的改革，更是对人才培养目标的重新定位和实践。通过在课程教学中融入生态文明建设理念，引导学生树立正确的环保观念和可持续发展的理念，从而推动环境类专业教育的改革与发展。

二、研究意义

第一，通过深入研究生态文明建设与环境类专业人才培养之间的内在联系，我们可以更好地理解环境类专业教育在推动生态文明建设中的作用和意义。生态文明建设强调人与自然的和谐发展，倡导绿色发展和循环利用，要求人们在经济发展的同时注重生态环境的保护和恢复。而环境类专业人才的培养正是为了满足这一需求，培养具备环保意识、生态观念和可持续发展能力的专业人才，从而推动生态文明建设的深入发展。因此，本研究有助于加深我们对生态文明建设与环境类专业教育之间关系的理解，为建立以生态文明为导向的人才培养模式提供理论指导。

第二，本研究对挖掘思政教育在环境类专业中的重要作用具有重要意义。思政教育是高等教育的重要组成部分，旨在培养学生的思想品德和社会责任感，引导他们树立正确的人生观、世界观和价值观。在环境类专业中，思政教育的作用更为突出，因为环境问题的解决不仅需要技术手段，更需要人们具备正确的环保理念和生活方式。通过探讨思政教育与环境类专业的结合方式，我们可以更好地发挥思政教育在人才培养中的引领作用，提升学生的政治素养和社会责任感，从而培养出更加优秀的环境类专业人才。

第三，本研究有助于推动环境类专业教育的改革与发展。通过对现有教育模式的分析和评价，我们可以发现其中存在的问题和不足，并提出相应的改进措施和建议。这些改进措施和建议将为环境类专业的教育改革提供重要的参考，促进人才培养质量的提升，推动生态文明建设和可持续发展的实现。因此，本研究对于推动环境类专业教育的改革与发展具有重要的现实意义和实践价值。

第二节 研究目的与内容概述

一、研究目的

第一，通过深入分析环境类专业教育的现状与问题，我们旨在全面了解当前环境类专业教育的情况，找出存在的不足和瓶颈。这包括教学内容的设置是否与时代发展和实际需求相符、教学方法是否灵活多样、教学资源是否充足等方面的问题。通过对现状的深入分析，可以为未来的教育改革提供科学的依据和指导。

第二，我们将探讨环境类专业教育的发展趋势和未来方向。随着社会的发展和技术的进步，环境问题也在不断演变和复杂化。因此，我们需要对未来环境类专业教育的发展趋势进行深入研究，探讨未来人才培养的需求和方向。这将为教育机构和决策者提供重要的参考，帮助他们制定更加符合时代要求的教育政策和计划。

第三，我们旨在提出创新的教育模式和培养策略，提升环境类专业人才培养的质量和水平。通过结合国内外的教育理论和实践经验，我们将探讨如何创新教学内容、改进教学方法、优化教学资源配置等内容，提高教育教学的效果和质量。同时，我们还将研究如何加强对学生实践能力的培养，提升其应对复杂环境问题的能力和水平。这将为环境类专业人才培养的改革和提升提供重要的思路和方向。

二、内容概述

本研究的内容概述如下：首先，我们将对环境类专业教育的现状进行分析。这包括对环境类专业的定义和范围进行界定，以及对目前环境类专业教育的主要特点和现状进行梳理。通过对现状的全面了解，我们可以为后续的问题分析和解决提供基础和依据。其次，我们将深入分析环境类专业教育存在的问题。这些问题可能涉及教育模式的僵化与传统化、人才培养目标不够明确、实践教学环节不足等方面。通过对问题的深入剖析，我们可以找出问题的根源，并为解决问题提供思路和方法。接着，我们将探讨环境类专业教育的发展趋势。这涉及生态文明理念对环境类专业的影响、科技发展对人才培养的影响、社会需求对人才培养的影响等方面。通过对发展趋势的探讨，我们可以为未来的教育改革和发展提供参考和借鉴。其次，我们将探索创新的环境类专业教育模式。这包括实践教学模式的创新、跨学科人才培养模式的探索，以及在线教育与远程教育的应用等。通过对教育模式的探索，我们可以为提高教育教学的效果和质量提供新的思路和方法。最后，我们将讨论环境类专业教育质量评价与提升策略。这包括建立教育质量评价指标体系、优化教学资源配置、加强师资队伍建设等。通过对教育质量的评价和提升策略的讨论，我们可以为环境类专业教育的改革和发展提供具体的措施和建议。

第三节　研究方法与框架

一、研究方法

（一）文献综述法

文献综述是研究中至关重要的一环，它为我们提供了理论依据和前人经验的积累，为研究问题提供了必要的背景和理论基础。在本研究中，我们将运用文献综述法，通过查阅国内外相关文献，全面了解环境类专业教育的发展历程、现状与问题，以及国际上的最新研究成果和教育模式。首先，我们将重点关注环境类专业教育的发展历程。通过追溯其起源和发展过程，我们可以了解到环境类专业教育的演变轨迹，以及其所面临的各种挑战和机遇。这有助于我们更好地把握其发展脉络和规律，为未来的教育改革提供借鉴和启示。其次，我们将深入分析环境类专业教育的现状与问题。通过梳理相关文献，我们可以了解到当前环境类专业教育存在的种种现实困境和挑战。例如，教育模式的单一化、教学资源的匮乏、师资队伍的不足等问题。这些问题的存在不仅影响着人才培养的质量和水平，也制约着整个行业的发展和进步。此外，我们还将关注国际上的最新研究成果和教育模式。通过查阅国外相关文献，我们可以了解到国际上环境类专业教育的前沿理论和先进实践，借鉴其经验和教训，为我国的教育改革提供新的思路和方法。

（二）调查问卷法

在本研究中，我们将设计并发放调查问卷，面向环境类专业学生、教师和企业等相关人群，以获取他们对当前教育模式的认知、评价和需求。通过获取实时的反馈意见和建议，我们可以更好地了解各方的观点和期望，为研究提供丰富的数据支持。首先，我们将设计问卷内容。问卷内容将涵盖环境类专业教育的各个方面，包括教学内容设置、教学方法、实践教学安排、教师素质等。通过设计科学合理的问题，我们可以全面了解被调查者对教育模式的认知和评价，以及他们对未来教育发展的期待和建议。其次，我们将进行问卷调查。调查对象包括环境类专业的学生、教师和企业从业人员等相关人群。通过在线问卷平台或现场调查的方式，向他们发放问卷，并邀请他们认真填写。在保障问卷的匿名性和保密性的前提下，尽可能获取更多的有效信息。接着，我们将对数据进行分析与解读。收集到的问卷数据将进行统计分析和深度解读，以揭示调查对象对当前教育模式的认知、评价和需求的整体情况。通过对数据的分析，我们可以发现其中的规律和趋势，为后续研究提供重要的参考依据。最后，我们将根据调查结果提出相应的建议和措施。针对调查问卷中发现的问题和需求，我们将提出具体的改进方案和实施措施，以期为环境类专业教育的优化和提升提供科学的支持与指导。

（三）深度访谈法

在本研究中，我们将针对环境类专业的教育管理者、教师和企业领导进行深度访谈，旨在探讨其对教育模式、培养目标、实践教学等方面的看法和体会，以深入了解教育的现状和问题，发现其中的症结和隐含的需求。首先，我们将对访谈对象进行挑选和邀约。我们将选择经验丰富和具有权威性的环境类专业教育管理者、教师和企业领导作为访谈对象，并通过邮件、电话等方式邀请他们参与访谈。在邀约过程中，我们将说明研究的目的和意义，确保受访者能够充分理解并愿意参与。其次，我们将进行深度访谈的准备工作。在进行实际访谈之前，我们将准备好访谈大纲和相关材料、明确访谈的主题和内容，以确保访谈的顺利进行。同时，我们还将选择合适的时间和地点进行访谈，以便与受访者进行充分的交流和探讨。接着，我们将实施深度访谈。在访谈的过程中，我们将遵循开放性、灵活性和适应性的原则，尊重受访者的意见和观点，鼓励其畅所欲言，并及时记录和整理访谈内容。通过与受访者的深入交流，我们可以深入了解他们对教育模式、培养目标、实践教学等方面的看法和体会，发现其中的共识和分歧，从而为后续研究提供重要的参考和启示。最后，我们将对访谈数据进行整理和分析。通过将访谈内容进行归纳、总结和分析，我们可以发现其中的规律和趋势，提炼出关键信息和观点，为深入探讨提供重要的数据支持和理论依据。同时，我们还将注意保护受访者的隐私和个人信息，确保访谈过程的合法性和公正性。

（四）实证研究法

在本研究中，我们将运用实证研究法，探讨不同教育模式对学生学习效果、就业竞争力等方面的影响，以期为教育改革和人才培养提供科学的决策支持。首先，我们将明确研究的对象和变量。在实证研究中，我们将选择环境类专业的学生作为主要研究对象，以其学习效果和就业竞争力作为主要研究变量。同时，我们还将考虑其他可能影响学生学习和就业的因素，如教育模式、教学质量、实践机会等。其次，我们将设计合适的研究方案和实施方法。在收集数据方面，我们将采用问卷调查、实地观察、文献分析等多种方式，以获取全面、真实的数据。在数据分析方面，我们将运用统计学方法和数据挖掘法，对收集到的数据进行系统整理和分析，揭示其中的规律和趋势。接着，我们将对数据进行解读，对结果进行分析。通过对比分析不同教育模式下学生学习的效果和就业竞争力的差异，我们可以得出结论并验证研究假设。同时，我们还将深入分析数据背后的原因和影响因素，以揭示教育模式对学生发展的具体影响。最后，我们将提出合理的建议和措施。基于对实证研究结果的分析，我们将为教育改革和人才培养提供科学的决策和支持，提出有针对性的改进方案和实施措施，以优化教育模式，提升人才培养的质量和水平。

二、研究框架

为了清晰地呈现研究的结构和逻辑，我们设计了一个研究框架图（如图 1-1 所示）。该框架图将有助于我们系统地分析和探讨环境类专业教育的现状、问题、影响因素及改进路径。

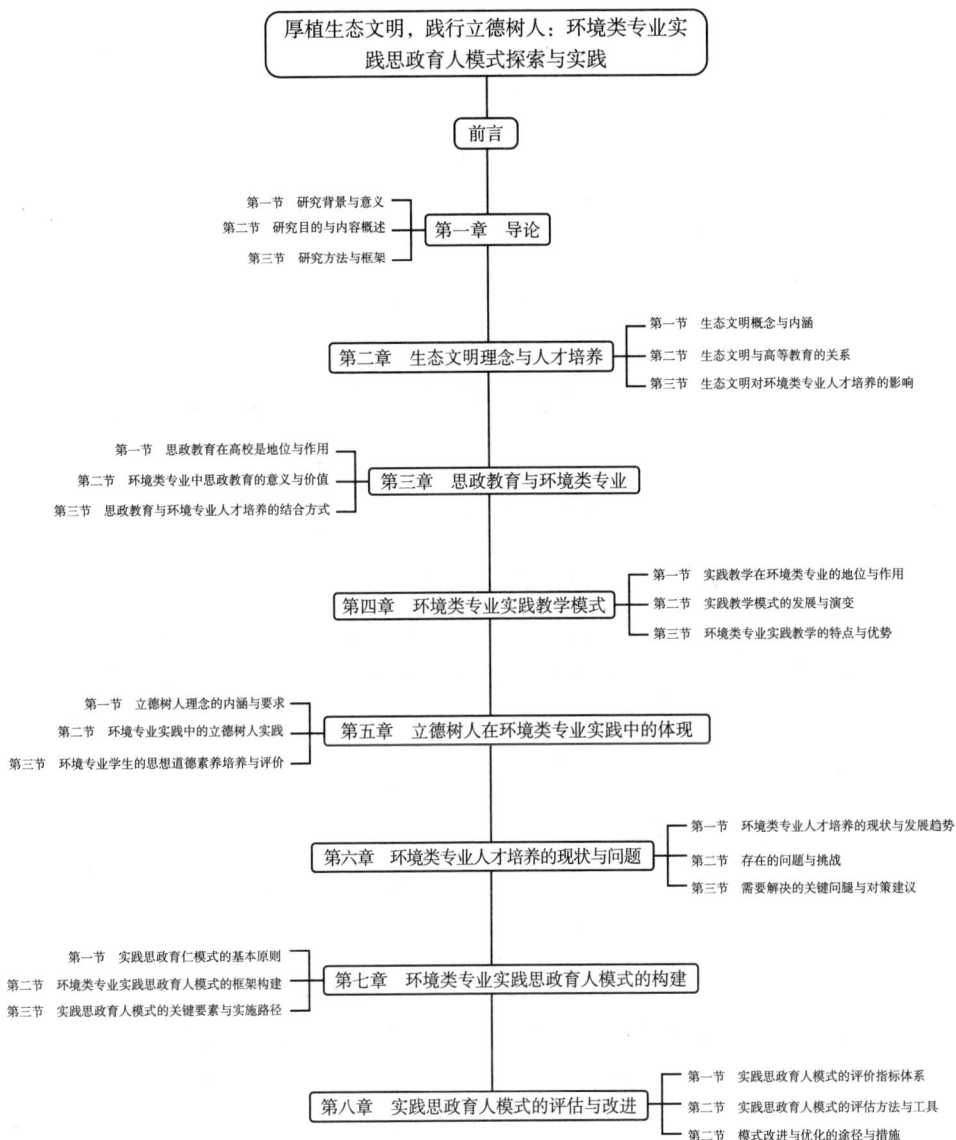

图 1-1 研究框架图

通过该框架图，我们将首先对环境类专业教育的现状进行分析，包括定义、范围和主要特点等。接着，我们将深入探讨教育中存在的问题，并研究生态文明理念、科技发展和社会需求等因素对环境类专业教育的影响。在此基础上，我们将探索创新的教育模式，并提出相应的评价与改进策略。

这个研究框架图将为我们提供一个全面、系统的视角，帮助我们深入理解环境类专业教育的现状和问题，并为未来的研究提供指导和参考。

第二章　生态文明理念与人才培养

第一节　生态文明概念与内涵

一、生态文明概念与内涵的新揭示

（一）生态问题是人类社会由来已久的问题

早在 19 世纪 60 年代，人们就已经开始关注这个问题。1866 年，德国科学家恩斯特·海克尔提出了"生态学"概念，并将其界定为研究生物之间的相互关系以及生物对生态系统的影响，与它们所生活于其中的周围环境之间相关联的科学。

1. 生态学的起源与发展

生态学作为一门关注生物与环境相互作用的科学，起源可以追溯至 19 世纪 60 年代，当时德国科学家恩斯特·海克尔首次提出了这一概念。1866 年，海克尔将生态学定义为研究生物之间的相互关系以及生物对生态系统的影响的科学。在生态学的初期阶段，研究主要集中在探讨生物与环境之间的相互作用，以及生态系统内各种生物群落的结构和功能。

随着时间的推移，生态学逐渐发展成为一门跨学科的研究领域。生态学不再局限于生物学领域，还涉及地理、化学、物理学等多个学科。这种跨学科的特性使得生态学能够更全面地理解生物与环境之间的复杂关系，并提供解决环境问题的理论和方法。

生态学的研究范围也在不断扩展。除了研究生物与环境之间的相互作用外，生态学还涉及了环境保护、自然资源管理、生态系统服务等方面的内容。例如，生态学为环境保护提供了理论基础，帮助人们更好地理解环境污染、生物多样性丧失等问题的成因和影响，从而提出相应的保护措施。同时，生态学也为自然资源的合理利用和管理提供了科学依据，促进了资源的可持续利用和保护。

随着全球环境问题日益突出，生态学的重要性也日益凸显。生态学不仅是一门科学，更是人类社会可持续发展的关键。通过深入研究生态系统的结构与功能，为解决当今全球面临的环境问题提供了重要的理论基础和方法。生态学的发展不仅有助于增进人类对自然世界的理解，还有助于指导人类更加科学地管理和利用自然资源，实现人与自然的和谐共生。

2. 生态与人类社会

人类社会的发展与经济的增长不可避免地影响着生态环境，而生态环境的变化也同样影响着人类社会的发展。特别是自"二战"以来，工业化进程的加速和城市化规模的不断扩大，导致了资源开采和能源消耗的激增，从而引发了一系列严重的生态问题，如环境污染、生物多样性丧失等。这些问题直接威胁着人类的健康和生存，也加剧了社会的不稳定性和不平等现象。

人们逐渐意识到人类生活与社会环境之间密切相关的问题，开始探讨如何实现人类与自然、人与人之间的和谐共生。这种意识的觉醒推动了生态学的发展与应用。生态学作为研究生物与环境相互作用的学科，为理解和解决生态环境问题提供了重要的理论基础和方法。通过对生态系统的深入研究和理解，人类能够更好地把握生态环境的变化规律，预测生态系统的响应和反馈，从而制定合理的环境保护政策和措施。

生态学在人类社会的可持续发展中扮演着重要的角色。它不仅为环境保护提供了科学依据，还为资源的合理利用和管理提供了指导。生态学的发展不仅促进了人类对自然世界的深入理解，还促进了人与自然的和谐共生。人类社会的发展必须建立在对生态环境的尊重和保护之上，才能实现可持续发展的目标。因此，生态学的研究和应用对于解决当今世界面临的环境挑战至关重要，也为人类社会的可持续发展提供了重要的保障。

3. 生态文明的构建与实践

生态文明作为一个概念在当代社会引起了广泛的关注和讨论。它将"生态"与"文明"两个概念紧密相连，旨在强调人类社会与自然环境之间的和谐发展。然而，要实现生态文明的构建并非易事，需要政府、企业、社会组织和个人的共同努力，涉及多方面的工作和措施。

首先，加强环境保护是构建生态文明的基础。环境保护不仅是保护自然资源和生态系统，更是保护人类自身的生存环境。政府应加强与环境相关的法律法规的制定和执行，建立健全的环境监测和评估体系，推动企业和个人采取环保措施，减少污染物的排放，保护生态系统的完整性和稳定性。其次，推动可持续发展是构建生态文明的重要途径。可持续发展要求在满足当前需求的基础上，不损害未来世代的发展机会。这需要政府采取经济政策，引导企业实行绿色生产，鼓励绿色技术创新，提高资源利用效率，减少对环境的负面影响。

促进绿色生产和消费也是构建生态文明的关键。绿色生产是指在生产过程中尽量减少对环境的污染和破坏，绿色消费则是指消费者在选择产品和服务时更加注重环保和可持续性。政府可以通过税收政策、财政补贴等手段，鼓励企业开展绿色生产，促进消费者转变消费观念，选择绿色环保的产品和服务。此外，倡导生态伦理也是构建生态文明的重要内容。生态伦理是一种关于人类与自然、人类与社会、人类与人类之间关系的道德理念，强调人与自然应该和谐共生，人与人应该互相尊重、互相帮助。政府、学校、社会组织等应该加强生态伦理教育，增强环保意识和责任感，推动形成绿色低碳的生活方式。

（二）生态文明有广义和狭义之分

广义的生态文明是继原始渔猎文明、农业文明和工业文明之后的人类文明的第四个阶段；狭义的生态文明是当代人类文明发展的一个方面，与经济文明、政治文明、文化文明和社会文明并列。很显然，我们这里所说的生态文明是广义上的生态文明。它是在反思工业文明时代全球生态危机之后，而产生的一种新的文明形态。因此，"态文明时代作为人类存在和发展的一个更高级的历史时代，不仅是人与自然环境的协调发展关系，而且是人与社会环境的协调发展关系，还是这两种发展关系的相互依赖、互相制约、互相作用的有机统一"。

1. 生态文明的广义与狭义解析

生态文明的概念在当代社会引起了广泛的讨论与研究，其涵盖了广义与狭义两个层面的解读。这两种解读反映了对人类社会与自然环境关系的不同理解和认知，也反映了人类文明发展的不同阶段和趋势。

（1）广义的生态文明

广义的生态文明被视为人类文明的第四个阶段，是人类社会在经历了原始渔猎文明、农业文明和工业文明阶段之后所形成的新的文明形态。在广义生态文明的理解中，强调的是人类社会对与自然环境关系进行深刻反思后所形成的一种新的文明范式。它代表了人类社会对于生态危机的认识和回应，强调了人类社会与自然环境之间和谐发展的重要性。广义生态文明不仅是一种理念，更是一种对人类社会发展方向的呼唤和探索。

（2）狭义的生态文明

相对而言，狭义的生态文明更多地强调在当代人类文明发展中的一个方面，与经济文明、政治文明、文化文明和社会文明并列。狭义的生态文明的理解更侧重于当代人类社会对于生态环境问题的认识和应对。它强调了在全球化、工业化进程加速的今天，人类社会如何在面对环境挑战时寻求可持续发展的路径。狭义的生态文明不仅包括了环境保护和资源利用方面的实践，也涉及了对政策制定、技术创新、社会变革等方面的探索和努力。

2. 生态文明时代的内涵与实践

生态文明时代被视为人类社会发展的一个更高级的历史时代，它不仅意味着人与自然环境的协调发展关系，也包括了人与社会环境的协调发展关系。这两者之间互相依赖、互相制约、互相作用，构成了生态文明时代的有机统一。在这一时代，重建人与自然的和谐统一成为首要任务。这种和谐统一包括了人与自然环境的协调关系和人与社会环境的协调关系。首先，人与自然的协调关系是生态文明时代的自然属性。这意味着人类社会需要重新审视自己与自然环境的关系，摒弃以往对自然资源的过度开发和环境污染等行为，转向可持续化的发展路径。这涉及生态资源的合理利用、环境保护与修复、生态系统的保护与恢复等方面。通过生态学、环境科学等学科的研究和实践，人类可以更好地理解自然规律，实现与自然环境的和谐共生。其次，人与社会的协调关系是生态文明时代的社会属性。这意味着人类社会需要重视公平、公正、包容，建立和谐的社会关系，促进人类共同发展。这包括了改善人类的生活质量、提高社会福利水平、消除贫困与不平等等内容。在生态文明时代，人与社会的关系不仅体现在经济结构、社会制度等方面，更体现在人们的生活方式、价值观念、文化传统等方面。

基于上述对生态文明时代的认识和把握，生态文明时代的核心问题是"人与自然的关系"问题。这个问题解决不好，就不可能走向社会主义生态文明新时代。是"以自然为中心"，还是"以人类为中心"，还是实现"人与自然和谐相处"，这是生态文明时代不同于原始渔猎文明和工业文明时代的核心价值观所在。生态文明时代强调人是自然界的一部分，人类的产生源于自然，人类的发展寓于自然，人类要实现永续发展必须与自然相互依存，构成有机的和谐统一体。

二、生态文明特征的新阐释

认识和把握生态文明的本质及其特征，对于树立和落实科学发展观，实现人与自然和谐、发展与环境双赢至关重要。

（一）整体性

生态文明时代所强调的是，坚持以大自然生态圈整体运行规律为宏观视角，全面审视人类社会的发展问题，将人类的一切活动都放在自然界的大格局中考量，按自然生态规律行事。经济社会发展既要考虑人类生存与繁衍的需要，又必须顾及生态、资源、环境的承载力，以实现人与自然和谐、发展与环境双赢。其实质就是认定生态、环境是人类发展的基础，一切经济社会发展都要依托这个基础，从这个基础承载力的实际出发，任何超出这个基础承载力的发展，都将带来不良以至得不偿失的后果。强调发展必须坚持"自然生态优先原则"，即"量体裁衣""量入为出""索取适度、回报相当"，而不可"急功近利""竭泽而渔"，肆意妄行，与自然规律、生态法则撞车。这也正是为什么唯有生态文明能够根治工业文明导致的环境恶化、发展不可持续的痼疾，使发展与环境实现良性循环的奥妙要诀所在。

（二）和谐性、公平性、循环性

1. 和谐性：人与自然、人与社会、人与人之间的和谐相处

和谐性是生态文明的基本特征之一，体现了人类社会与自然环境之间、人类社会内部以及个体之间的和谐相处。在生态文明中，人与自然被视为一个整体，人类被看作是自然界的一部分，因此，生态文明强调人与自然的统一，鼓励人们尊重自然、顺应自然、保护自然。这种和谐关系体现在对生态系统的保护和恢复上，通过合理利用资源、减少污染、保护生物多样性等方式，实现人与自然的和谐共生。此外，生态文明也强调人与社会之间的和谐相处。在现代社会中，人们之间的关系也需要和谐，这包括了社会公平、正义、互助合作等方面。生态文明的建设需要建立一个公平、包容的社会环境，促进社会的和谐发展。通过制定公平的法律法规、建立社会福利制度、加强教育和文化传承等方式，实现人与社会的和谐相处。最后，和谐性也体现在人与人之间的关系中。生态文明倡导着尊重个体权利、平等对待、和睦相处的理念。人们应该建立良好的人际关系，消除歧

视和偏见，促进社会的和谐与稳定。通过加强民族团结、推动社会公平正义、倡导和睦相处的文化理念等方式，实现人与人之间的和谐共生。

2. 公平性：消除不平等状态，实现各方平等发展

公平性是生态文明的主要特征之一，它体现了对于社会内部和国际之间存在的不平等状态的关注和反思。生态文明的建设旨在消除不平等，促进各方的平等发展。

（1）要消除人与自然之间的不平等

人类社会的发展应该建立在人与自然平等发展的基础之上，而不是以损害自然为代价。人类应该意识到与自然环境的和谐共生关系，采取可持续的发展模式，实现人与自然的平等发展。

（2）要消除国家之间的不平等

在全球化的背景下，各国之间的发展水平存在差异，一些发达国家对于发展中国家的资源依赖和掠夺现象依然存在。生态文明倡导着国际间的和平与合作，各国应该平等相待、相互合作，实现共同发展。

（3）要实现代际之间的公平和平等

当前的人类社会发展往往以牺牲后代利益为代价，这种不公平的现象是对未来世代的一种不负责任的表现。生态文明强调保护环境、节约资源，为后代留下一个可持续发展的生存环境。

3. 循环性：实现人类与自然发展的循环再生

循环性是生态文明发展的显著特征，主要体现在人类与自然发展的循环再生机制上。在生态文明下，人与自然能够融洽相处的原因之一就是循环再生机制的存在。

（1）生态文明倡导对资源的合理利用和循环利用

人类应该意识到资源的有限性和宝贵性，采取节约资源、循环利用的方式，减少对自然资源的过度开采和浪费，实现资源的可持续利用。

（2）生态文明强调生态系统的恢复和修复

在人类活动对生态系统造成破坏后，生态文明倡导通过生态修复和生态重建等方式，实现生态系统的恢复和修复，使之重新达到动态平衡的状态。

（3）生态文明下人类社会的发展应该建立在与自然的和谐共生基础之上

人类应该在生态环境允许的范围内从事各种活动，避免对自然环境造成不可

逆转的破坏，实现人与自然的可持续发展和循环再生。

（三）多样、平衡、协调、有序、渐进和可持续

作为人类文明第四时代的生态文明时代，将是一个大生态的时代，是一种自然、经济、社会、人文、行政都生态化了的理想时代。这个时代，将以多样、平衡、协调、有序、渐进和可持续为特征，构筑起保障时代发展的五大生态体系：自然生态体系——生物多样、环境优美、水气清洁、资源充裕；经济生态体系——结构合理、低耗高效、适销对路、持续循环；社会生态体系——公平公正、安居乐业、城乡一体、和谐自律；人文生态体系——想学能学、文化多元、身心健康、德才兼备；行政生态体系——科学民主、兼容并蓄、服务民本、勤廉制衡。

1. 多样性与生态体系

自然生态体系将展现生物多样性、环境优美、水气清洁和资源充裕的特征，实现自然界生态系统的多样性和平衡性。经济生态体系则追求结构合理、低耗高效、适销对路、持续循环的发展模式，促进经济的多元化和可持续发展。社会生态体系致力于构建公平公正、安居乐业、城乡一体、和谐自律的社会结构，实现社会的稳定和共同繁荣。人文生态体系将注重想学能学、文化多元、身心健康和德才兼备的人文精神培养，促进人类的全面发展和文化多元共融。行政生态体系的建设将追求科学民主、兼容并蓄、服务民本、勤廉制衡的行政治理模式，保障社会的公平和法治秩序。

2. 平衡与生态体系

各个生态体系之间的平衡关系体现在自然与经济、经济与社会、社会与人文、人文与行政等各方面的协调与平衡。自然与经济的平衡体现在资源开发与环境保护的协调，实现经济发展与生态环境的双赢。经济与社会的平衡则在于促进经济增长与社会公平的统一，实现社会的稳定和可持续发展。社会与人文的平衡体现在社会文化的多元发展与人类精神的全面提升之间的协调与统一。人文与行政的平衡则在于行政机构的科学民主与社会民主的协调，保障行政权力的公正与有序运行。

3. 协调与生态体系

在生态文明时代，各个生态体系之间需要实现协调发展，促进各方面的良性互动和共生共赢。自然生态体系与经济生态体系需要实现资源的有效利用和生态环境的保护之间的协调发展，促进经济的可持续发展和生态环境的改善。经济生

态体系与社会生态体系需要协调经济增长和社会公平之间的关系，实现社会的稳定和可持续发展。社会生态体系与人文生态体系需要协调社会文化的传承和人类精神的提升之间的关系，促进人类的全面发展和社会的和谐共生。人文生态体系与行政生态体系需要协调人文精神的培育和行政治理的规范之间的关系，保障社会的公正和法治秩序。

4. 有序与生态体系

在生态文明时代，各个生态体系的建设都需要遵循科学规划、合理布局和有序发展的原则，确保各项工作有序推进、协调发展。自然生态体系的建设需要遵循生态保护和恢复的原则，保障自然生态系统的稳定和健康发展。经济生态体系的建设需要遵循可持续发展的原则，实现经济的稳定增长和资源的合理利用。社会生态体系的建设需要遵循社会公平和和谐发展的原则，促进社会的稳定和共同繁荣。人文生态体系的建设需要遵循学习和人文关怀的原则，培育优良的文化传统和人类精神。行政生态体系的建设需要遵循法治和民主的原则，保障行政权力的合法运行和社会秩序的稳定。

5. 渐进与生态体系

在生态文明时代，各个生态体系的建设需要坚持循序渐进、稳步推进的原则，逐步实现各项目标和任务。自然生态体系的建设需要通过生态保护、生态修复等渐进方式，逐步实现生态系统的健康和平衡。经济生态体系的建设需要通过产业升级、科技创新等渐进手段，逐步实现经济结构的优化和产业的可持续发展。社会生态体系的建设需要通过社会公平、法治建设等渐进措施，逐步实现社会的稳定和谐。人文生态体系的建设需要通过文化教育、精神文明建设等渐进方式，逐步培育健康向上的文化和人类精神。行政生态体系的建设需要通过政治体制改革、行政管理创新等渐进途径，逐步实现行政权力的合法化和公正运行。

6. 可持续与生态体系

在生态文明时代，各个生态体系的建设都需要以可持续发展为核心，追求经济、社会、人文和行政的可持续性。自然生态体系的建设需要实现生态系统的稳定和健康发展，保护生物多样性、维护生态平衡，以实现自然环境的可持续利用。经济生态体系的建设需要实现资源的合理利用和循环利用，促进经济的可持续增长和绿色发展。社会生态体系的建设需要实现社会公平和和谐发展，保障社会的稳定和可持续繁荣。人文生态体系的建设需要实现人文精神的传承和人类精神的提升，促进人类的全面发展和文化的可持续传承。行政生态体系的建设需要实现行政权力的合法化和规范化，保障政治体制的稳定和行政管理的公正。

（四）技术性、知识性

生态文明时代与知识经济时代并存。在知识经济时代，各种新知识、新技术、新工艺、新材料、新模式如雨后春笋般迅猛发展，特别是信息技术、生物技术的突破，正从根本上改变人们的思维方式、生产方式和生活方式。科学技术真正变为"第一生产力"，人才资源成为"第一资源"，并转化为人力资本。这种大趋势把智力开发、技术进步推上了主导发展的"帅位"。

1. 技术性

在生态文明时代，技术性扮演着至关重要的角色。随着知识经济时代的到来，各种新知识、新技术、新工艺、新材料、新模式如雨后春笋般迅猛发展，特别是信息技术和生物技术的突破，彻底改变了人们的生产方式和生活方式。技术已经成为推动生产力进步的主要动力之一，在经济、社会和环境领域发挥着关键作用。

（1）技术的发展带来了生产力的革命

在生态文明时代，科学技术被视为"第一生产力"，其对经济增长和资源利用效率的贡献日益凸显。新兴技术如人工智能、物联网、大数据等，正在加速推动各行业的数字化、智能化和绿色化转型，提高生产效率、降低资源消耗，为实现可持续发展目标提供了强大支撑。

（2）技术的进步推动了社会结构的变革

随着技术的发展，传统产业逐渐向高附加值、低碳环保方向发展，新兴产业蓬勃兴起，社会结构和产业布局发生了深刻变化。人们的工作方式和生活方式也在不断调整，追求更加智能、便捷、环保的生活方式成为主流。

（3）技术的创新为解决环境问题提供了新思路和新方法

生态文明时代面临着严峻的环境挑战，包括气候变化、资源枯竭、生物多样性丧失等，而技术创新为应对这些挑战提供了有力支持。例如，清洁能源技术的发展、环境监测与治理技术的提升、循环利用技术的应用等，为实现可持续发展目标注入了新的活力。

2. 知识性

在生态文明时代，知识不仅是一种资源，更是推动社会发展的动力和智慧的源泉。知识经济时代的来临，标志着知识成为新的生产要素，人才资源成为"第一资源"，并转化为人力资本。因此，对知识的创造、传播和应用成为当代社会发展的关键。

（1）知识性的重要性体现在其对经济增长的直接贡献

知识经济时代的核心是知识创新和技术发展。各国纷纷加大对科技研发的投入，提高科技创新能力，以应对全球经济竞争和挑战。而且，研究表明，投资于人才开发的回报率远高于其他资本投资，这进一步凸显了知识性在经济发展中的重要性。

（2）知识性的重要性还体现在其对社会结构和文化传承的影响

在知识经济时代，知识分子成为社会的中坚力量，知识产业成为经济支柱产业。知识的传播和交流推动了文化的多元发展和全球化交流，促进了人类文明的繁荣和进步。

（3）知识性对环境保护和可持续发展具有重要意义

在生态文明时代，知识性的应用可以提高资源利用效率、降低能源消耗、减少污染排放，推动经济社会向绿色、低碳、循环发展的方向转变。同时，知识性也为生态环境的监测、评估和保护提供了重要支持，促进了人类与自然的和谐共生。

（五）努力建设美丽中国

美丽中国，是时代之美、社会之美、生活之美、百姓之美、环境之美的总和。建设美丽中国，核心是按照生态文明的要求，通过建设资源节约型、环境友好型社会，来达到经济繁荣、生态良好、人民幸福这样一种目标。这个目标，成为新时期、新阶段我们积极探索中国特色社会主义道路的一个新路标。实现好、完成好这一目标，需要生态文明或文明生态。

1. 美丽中国的构想与实践

美丽中国的概念不仅是一种理想，更是一个国家、一个社会、一个民族共同追求的目标。它不仅是自然景观的美丽，更是人与自然和谐相处、社会生态良性循环、经济社会持续健康发展的综合体现。在当代，建设美丽中国已成为中国特色社会主义发展的重要目标之一。

2. 生态文明与美丽中国

生态文明理念贯穿于建设美丽中国的全过程。生态文明强调人与自然的和谐共生，提倡节约资源、保护环境、绿色发展。在建设美丽中国的过程中，必须坚持生态优先、绿色发展的原则，通过生态保护和环境治理来实现经济繁荣、社会进步和人民幸福。这需要政府、企业、社会组织和个人共同努力，形成全社会的生态文明观念和行动。

3. 生态环境保护与美丽中国建设

要建设美丽中国，就必须坚持生态环境保护的基本国策，加强环境监测、治理和修复，保护生态系统的完整性和稳定性。这包括加强生态保护红线划定，严格控制土地开发和资源利用，加大对生态环境恶化问题的治理力度。同时，还需要推动绿色技术和清洁生产的应用，减少污染物排放，提高资源利用效率，促进循环经济发展。只有通过保护好生态环境，才能实现美丽中国的目标。

4. 全民生态意识的培养与美丽中国的实现

建设美丽中国还需要全民共同参与，培养全社会的生态意识和环保意识。政府应加强生态教育，普及环保知识，增强公民的环境保护意识和能力。企业应积极履行社会责任，采取绿色生产方式，减少对环境的影响。社会组织和个人也应该自觉参与环保活动，积极倡导绿色低碳生活方式。只有形成全民的环保意识和生态文明习惯，才能真正实现美丽中国的梦想。

第二节　生态文明与高等教育的关系

一、生态文明理念在高等教育中的渗透

（一）课程设置的改革与创新

1. 增设环境科学与生态学课程

（1）新课程的必要性和意义

高等教育机构应认识到，增设环境科学和生态学等相关课程具有必要性和重要意义。这些课程不仅可以为学生提供生态文明理念的基本知识，还能够让他们深入了解生态系统的结构与功能，以及环境保护的重要性。在当前环境问题日益严峻的背景下，培养具有环境保护意识和实践能力的专业人才显得尤为重要。

（2）课程设置的内容和目标

新增的环境科学和生态学课程应涵盖生态学原理、生态系统结构与功能、生物多样性保护、环境污染与治理、气候变化与适应等内容。通过系统学习这些课

程，学生能够全面理解生态环境问题的复杂性和紧迫性，为未来从事相关领域的工作做好准备。同时，这些课程还应注重培养学生的创新精神和解决问题的能力，以应对不断变化的环境挑战。

2. 实践环节的设置与强化

（1）强化实践环节的重要性

除了理论课程，高校还应该注重实践环节的设置与强化。实践环节是学生将理论知识转化为实际能力的关键环节，对于培养学生的综合素质和实践能力至关重要。通过实地考察、实验实践等方式，学生可以将所学知识应用于解决实际问题之中，加深对环境问题的认识，提高解决问题的能力。

（2）实践环节的设置与设计

高校应该针对不同专业和学科，设计和设置符合实际需求的实践环节。这包括组织学生参与环境监测、生态系统调查、环境保护项目等实践活动，让他们亲身体验环境保护与管理的工作流程和方法。同时，还可以组织学生参与社区服务和环保志愿活动，培养他们的社会责任感和公民意识，使其在未来能够成为生态文明建设的积极参与者和推动者。

（二）教学方法的创新与探索

1. 问题导向教学法的应用

（1）概念与特点

问题导向教学法是一种以问题为核心，通过提出问题来引导学生学习、探索和解决问题的教学方法。在生态文明教育中，教师可以针对环境保护、资源利用等方面的现实问题，设计相关的学习任务和活动，激发学生的学习兴趣和参与热情。

（2）应用场景与效果

教师可以在课堂上提出一系列与生态文明相关的问题，如城市垃圾处理、水资源利用、能源节约等，引导学生深入思考并展开讨论。通过让学生思考问题的原因、影响和解决方法，培养其分析问题和解决问题的能力。这种教学方法能够使学生更加贴近生活实践，加深对生态文明理念的理解，提高学习的针对性和实效性。

2. 跨学科教学模式的推广

（1）概念与意义

跨学科教学模式是将不同学科的知识和方法有机地结合起来，进行跨界融合的教学方式。在生态文明教育中，跨学科教学可以帮助学生全面理解生态系统的复杂性和生态环境问题的综合性，促进他们形成系统性的思维方式，提高解决问题的能力。

（2）实践与成效

通过跨学科教学模式，教师可以组织跨学科的课程设计和项目实践，让学生从不同学科的角度来探讨和分析生态环境问题。例如，可以组织生态学、社会学、经济学等不同学科的教师共同设计课程，让学生从自然科学、社会科学、人文科学等多个方面来认识和解决生态环境问题。这种跨学科的教学模式有助于拓宽学生的知识面和视野，培养其跨界思维和综合素养，提高解决复杂问题的能力。

（三）校园文化建设与思想教育

1. 开展环保主题活动

（1）活动形式与内容

学校可以定期组织各种环保主题活动，如环保知识竞赛、环境保护讲座、绿色校园宣传展示等。这些活动旨在向师生传递环保理念，增强其环保意识和责任感。环保知识竞赛可以激发学生学习环保知识的兴趣，增加他们对环境问题的了解；环境保护讲座可以邀请专家学者就环境保护的重要性、当前环境问题及解决方案进行讲解，增强师生的环保意识和行动能力；绿色校园宣传展示则可以通过图片、文字、实物等形式展示学校环保成果和举措，激发全校师生共同参与环保行动的热情。

（2）活动效果与影响

这些环保主题活动不仅能够增加师生对环境保护的认识，还能够促进校园内外环保意识的普及和提高。通过参与活动，学生能够增强环保意识和责任感，主动行动起来，积极参与到环保实践中来。同时，活动也为师生提供了一个交流、学习和合作的平台，增进了校园内师生之间的沟通和交流。

2. 推行环保志愿服务

（1）服务项目与范围

学校可以组织各类环保志愿服务活动，如植树造林、环境清洁、废品回收等，让学生亲身参与到环保行动中来，体验环保工作的重要性和意义。植树造林活动可以改善校园环境，增加绿化覆盖率，净化空气；环境清洁活动可以清理校园内外的垃圾，维护校园环境卫生；废品回收活动可以提倡资源回收利用，降低资源浪费。

（2）志愿服务的意义与效果

这些环保志愿服务活动不仅能够增强学生的环保意识，还能够培养他们的社会责任感和使命感。通过志愿服务，学生可以将环保理念转化为实际行动，为改善环境贡献自己的一份力量。同时，志愿服务也能够促进学生的自我成长和全面发展，提高其团队合作能力、组织管理能力等综合素质。志愿服务还有助于学生与社会接触和融合，增进他们对社会的认知和理解，培养他们的社会责任感和公民意识。

二、高等教育与生态文明建设的互动关系

（一）人才培养与生态文明建设

1.专业人才的培养与生态文明需求

（1）专业课程设置的重要性

高等教育的一项重要任务是通过设置相关专业课程，培养具备环境保护、资源利用和可持续发展能力的专业人才。这些专业课程涵盖了环境科学、生态学、资源利用与管理等方面的知识，旨在为学生提供系统全面的学习内容，使他们在毕业后能够胜任环境保护、生态建设等相关领域的工作。这些课程不仅包括理论知识的传授，还应该注重实践环节的设置，让学生能够通过实地考察、实验实践等方式，深入了解生态环境的现状和问题，培养环境保护意识和实践能力。

（2）实践教学的重要性

除了专业课程的设置，高校还应该注重实践教学环节的开展。通过实践教学，学生能够将理论知识应用到实际工作中，提高解决问题的能力和实践能力。实践教学包括实验实践、实地考察、社会实践等形式，通过这些实践活动，学生能够更加直观地感受到环境问题的严重性，增强环保意识和责任感，为未来的环保工作做好充分准备。

2.跨学科人才的培养与生态综合治理

（1）跨学科人才的需求

生态文明建设需要多学科、综合性的人才支持。高等教育应该培养出具备跨学科知识和技能的综合型人才，他们能够跨越学科边界，进行全面系统的生态综合治理。这些人才不仅具备扎实的专业知识，还具有良好的团队合作精神和创新

能力，能够在复杂多变的生态环境中作出正确的决策和应对措施。

（2）跨学科人才的培养模式

高等教育可以通过开设跨学科课程、组织跨学科项目实践等方式，培养学生的跨学科思维和综合应用能力。跨学科课程可以集结不同学科的专家学者，共同探讨生态环境问题的解决方案，为学生提供全面系统的知识体系；跨学科项目实践可以让学生从多学科角度出发，综合运用所学知识，解决实际生态环境问题，提高其跨学科综合能力和创新能力。

（二）科研成果与生态文明建设

1. 环境科学与生态学研究的深化与拓展

（1）科研项目的开展

高等教育机构通过开展环境科学、生态学等领域的科研项目，深入研究生态系统的结构和功能，探索生态环境问题的成因和解决方案。例如，对生态系统的物质循环、能量流动、生物多样性等方面进行系统研究，以揭示生态系统的运行规律和生态环境的变化趋势，为生态文明建设提供科学依据。

（2）研究成果的应用

通过将科研成果转化为实际应用，高等教育机构为生态文明建设提供了技术支撑。例如，利用生态学研究成果指导生态系统的保护和修复工作，开发环保技术和绿色产品，推动生态产业的发展，实现经济增长与生态环境保护的双赢。同时，环境科学的研究成果也可以为环境监测和管理提供科学依据，促进环境保护政策的制定和实施。

2. 跨学科交叉研究的推动与应用

（1）跨学科研究的意义

生态文明建设需要多学科交叉融合的科研成果支撑。高等教育应该鼓励开展跨学科的科研项目，促进不同学科之间的交流与合作。例如，生态学、地理学、经济学、社会学等学科可以相互借鉴，共同探讨生态环境问题的综合解决方案，为生态文明建设提供更加全面和有效的科学支持。

（2）跨学科研究的实践

跨学科研究可以通过学术交流会议、跨学科研究团队等形式进行实践。例如，组建由不同学科专家组成的跨学科研究团队，共同开展生态环境问题的研究与探讨。通过团队合作，可以综合利用各个学科的优势，深入研究生态环境问题的本质和解决方案，为生态文明建设提供更加全面和有效的科学支持。

三、高等教育如何促进生态文明的实现

（一）优化课程设置与师资队伍建设

1.课程设置的优化与生态专业建设

（1）新课程的开设

高等教育可以通过新增课程来丰富生态专业的教学内容。除了传统的环境科学和生态学课程外，还可以引入新的课程，如气候变化与可持续发展、生态系统管理与修复、生态环境监测与评价等，以适应生态文明建设的需求。这些新课程能够覆盖更广泛的生态领域，培养学生的综合能力和跨学科思维。

（2）跨学科课程的设置

在课程设置中，可以加强跨学科的设置，促进不同学科之间的交叉融合。例如，可以开设环境法律与政策、生态经济学、环境社会学 等跨学科课程，让学生从多学科的视角来理解和解决生态环境问题。这样的设置有助于培养学生的综合素质和创新能力，为他们未来从事生态相关领域的工作做好准备。

2.师资队伍的建设与专业指导

（1）引进优秀教师

为了提高教学质量，高校应该引进具有丰富实践经验和专业知识的优秀教师。这些教师不仅具有扎实的学术背景，还具备实践能力和行业经验，能够为学生提供高水平的教学指导和专业指导。他们可以通过案例分析、实地考察等方式，将理论知识与实际应用相结合，激发学生的学习兴趣和创新能力。

（2）师资队伍的培训与交流

高校还应该加强师资队伍的培训和学术交流活动。通过组织教师培训班、学术研讨会等形式，提升教师的教学水平和科研能力，增强他们的专业素养和教学经验。同时，加强国际合作和学术交流，引进国外优质教学资源和先进教学理念，促进师资队伍的专业发展和学术提升。

（二）科研与实践活动的开展

1.科研项目的开展与技术创新

（1）环境科学研究的重要性

高等教育应当重视环境科学领域的研究，因为这直接关系到生态文明建设的

科学基础。开展环境科学研究可以深入探讨自然界与人类活动之间的相互关系，发现环境问题的根源和解决方法。这种研究不仅有助于提供科学依据和技术支撑，还能够促进社会对环境问题的认识和解决方案的实施。

（2）生态系统保护与修复的挑战与机遇

生态系统保护与修复是生态文明建设的重要内容之一。高等教育机构应当积极开展生态系统保护与修复方面的科研项目，探索创新的技术和方法。例如，研究如何恢复退化生态系统、提高生态系统的稳定性和抗干扰素力等方面的问题，以解决生态环境恶化和生物多样性丧失等问题，推动生态系统的健康发展。

2. 实践活动的组织与参与

（1）实践项目的重要性与意义

除了科研项目，高校还应当组织学生参与各种实践活动，以增强他们的实践能力和社会责任感。实践项目可以让学生亲身体验环境保护和生态建设的工作，了解实际环境问题的复杂性和紧迫性。通过参与实践活动，学生可以将在课堂学习到的知识应用到实际中，培养解决问题的能力，增加实践经验，为将来从事环境保护工作做好准备。

（2）学生参与实践的方式与方法

实践活动可以采取多种形式，如实地考察、社区服务、环保志愿活动等。通过这些活动，学生可以了解不同地区的环境问题和保护需求，培养他们的环保意识和社会责任感。同时，实践活动还可以促进学生之间的交流与合作，培养团队精神和合作能力，为他们未来成为生态文明建设的参与者和领导者奠定基础。

（三）培养环保意识与社会责任感

1. 课程教育的引导与宣传教育

（1）环保主题课程的设置与教学方法

高等教育机构可以通过设置环保主题的课程，并采用创新的教学方法，引导学生认识到环境问题的严重性和紧迫性。这些课程可以涵盖环境科学、生态学、可持续发展等方面的知识，通过案例分析、讨论、实地考察等方式，让学生深入了解环境问题的现状和原因，激发其环保意识和责任感。

（2）宣传教育活动的开展与影响

除了课程设置，高校还可以开展各种宣传教育活动，加强对环保意识和社会责任感的宣传和教育。这些活动可以包括环保主题的讲座、展览、影视放映等形式，通过多种渠道向师生传递环保理念和知识，提高他们对环境问题的关注度和认识度，培养其环保意识和责任感。

2. 社会实践与志愿服务的开展

（1）环保志愿服务项目的组织与参与

高校可以组织学生参与各种环保志愿服务项目，让他们亲身体验环保工作的重要性和意义。这些项目可以包括植树造林、河湖清洁、环境监测等，让学生了解环保工作的实际情况，培养其环保意识和责任感，促进其参与到生态文明建设中来。

（2）社会实践活动的开展与成果

此外，高校还可以开展各种环保社会实践活动，如参观环保企业、参与环保项目调研等。通过这些实践活动，学生可以了解环保工作的多样性和复杂性，增强其环保意识和责任感，培养其积极参与生态文明建设的态度和行动。

第三节　生态文明对环境类专业人才培养的影响

一、环境类课程生态文明观的专业解读

（一）生态文明观的由来

生态文明最初是作为生态学的专业概念提出的，从最初的"生态"到"生态系统"，再到"生态文明"，体现了人类社会对人与自然关系认识的逐步深入。1987 年，我国生态学家叶谦吉首次使用"生态文明"，并从生态学和生态哲学的角度阐述这一概念。生态文明观自 2005 年在中央人口资源环境工作座谈会上提出以来，党的十七大把建设生态文明作为全面建成小康社会的目标之一，党的十八大以来，生态文明建设又被作为统筹推进"五位一体"总体布局的重要内容，并逐步形成了习近平生态文明思想，为建设生态文明、美丽中国提供了方向指引和根本遵循。

1. 生态文明是人与自然关系演变发展的必然阶段

由图 2-1 人与自然关系演变的结构模式可以看出，人类社会与自然环境之间存在着双向的生产劳动与反馈作用，反映了二者的辩证关系：一方面，人类依赖于自然界生存和发展，另一方面人类可以改造环境，环境又反作用于人类。但是

这种关系到底是良性的还是恶性的呢？如果呈恶性，二者关系就会出现冲突，其表现就是不同时期所出现的种种环境问题；如果呈良性，二者就能处于相对平衡的状态，即人与自然和谐共生，这就是人类文明发展的新阶段——生态文明。然而，在人与自然关系的长期演变过程中，环境问题基本上是一直存在的，生态文明则是目标。

（1）人与自然关系的演变

在人类社会的发展进程中，人与自然之间的关系一直在不断演变。这种演变呈现出一种复杂的双向性，即人类依赖于自然界的资源与环境，同时又通过自己的生产劳动对环境进行改造。这种双向作用反映了人类与自然之间的辩证关系。

首先，人类社会对自然的依赖是显而易见的。自然资源的获取与利用一直是人类社会生存与发展的基础。从最早的狩猎采集时代到农业社会时代，再到工业化时代，人类一直在依赖自然资源维持生活。例如，农业社会依赖于土地与水资源来种植粮食，而工业社会则依赖于能源与矿产资源来维持生产。然而，与此同时，人类的生产活动也对自然环境造成了影响。工业革命以来，人类的生产力得到了极大的提升，但这也伴随着对环境的破坏。大规模的工业生产释放了大量的污染物与温室气体，破坏了生态系统的平衡，导致了诸如气候变化、生物多样性丧失等环境问题的出现。

（2）生态文明的理念与实践

在面对人与自然关系演变过程中出现的问题时，生态文明成为一种新的理念与实践路径。生态文明强调的是人与自然之间的和谐共生与可持续发展，旨在实现人类社会与自然环境的良性互动。

第一，生态文明倡导的是一种新的发展模式。与传统的工业化发展模式不同，生态文明将环境保护与经济发展相结合，追求经济的增长与生态的平衡。这就意味着在发展过程中要注重资源的节约利用，减少对环境的破坏，推动绿色技术与产业的发展。

第二，生态文明的实践需要全社会的参与共同努力。政府、企业、社会组织以及个人都承担着责任，需要共同促进环境保护与可持续发展。政府在制定政策时需要考虑环境因素，企业在生产经营中需要承担环保责任，而社会组织与个人则可以通过行动来推动环境保护与可持续生活方式的实践。

第三，生态文明的实现需要跨越国界的合作与协调。环境问题是全球性的挑战，需要国际社会共同应对。各国之间需要加强合作，共享经验与技术，共同应对气候变化、生物多样性丧失等环境问题，推动全球生态文明的建设。

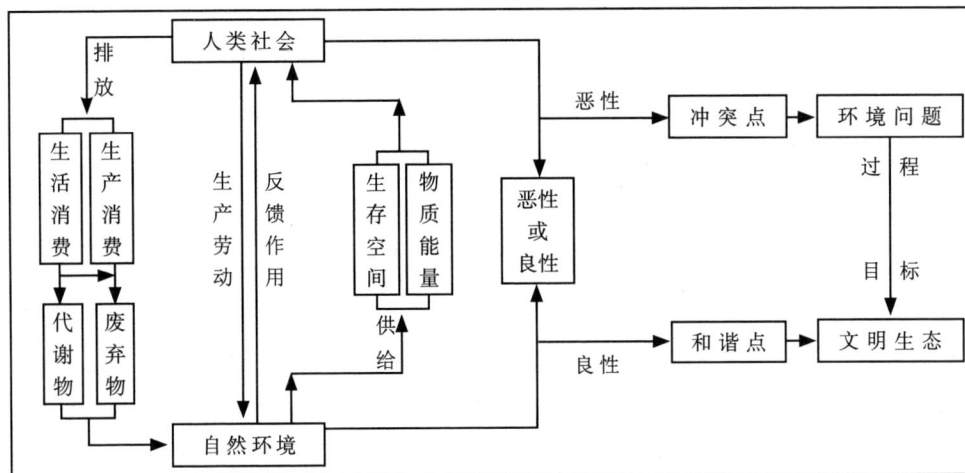

图2-1　人与自然关系演变的结构模式

2. 从人地关系的演变过程来看

如表2-1所示，人类文明伴随着人地关系演变呈4个阶段，分别是原始文明、农业文明、工业文明和生态文明，不同阶段随着生产力水平的发展而呈现不同的特点与环境问题。

（1）原始文明阶段：人地关系的初步形成与环境问题

原始文明阶段是人类社会发展的最初阶段，人地关系处于初步形成阶段。在这个阶段，人类主要依靠渔猎、采集等方式获取生存所需的食物和资源。然而，过度的采集活动导致了环境问题的出现，尤其是过度的渔猎可能会导致物种的灭绝和生态系统被破坏。这种对自然的过度依赖和掠夺性的行为，给人类自身的生存带来了威胁，标志着人地关系的不协调性。

（2）农业文明阶段：土地破坏与环境问题的加剧

随着农业的兴起，人类社会进入了农业文明阶段。农业的发展标志着人类从游牧生活向定居生活的转变，但也带来了新的环境问题。在这一阶段，"刀耕火种""反复弃耕"等农业活动导致了土地的过度破坏，引发了农业文明时期的主要环境问题，被称为"第一次浪潮时期的环境问题"。土地破坏不仅影响了农作物的生长，还损害了生态系统的稳定性，加剧了人地关系的紧张性。

（3）工业文明阶段：人地关系的失衡与环境问题的爆发

工业革命的兴起标志着人类社会进入了工业文明阶段。在这一阶段，人地关系进一步失衡，人地矛盾激化。人们对自然的尊重与敬畏逐渐消失，取而代之的是主宰自然、奴役自然、支配自然的行为哲学。大规模的工业化生产活动释放了大量的污染物，导致环境污染和生态系统被破坏，出现了著名的"八大公害"，成为环境问题的第一次爆发高潮。这一阶段的环境问题不仅局限于某一地区，而是成为全球性的挑战，引发了人类对自然关系的深刻反思。

（4）生态文明阶段：转变观念与实现和谐共生

随着现代科学技术的迅速发展，人类社会进入了全球发展的第三次浪潮阶段，人类面临着人口激增、资源欠缺、环境污染、生态破坏等全球性环境问题。在这一背景下，人类逐渐认识到以往对待自然的错误态度，意识到人与自然和谐相处的重要性。于是，人类开始转变观念，选择一条可持续发展的绿色道路，建设一个崭新的文明社会——生态文明社会。生态文明强调人与自然的和谐共生，通过树立一种崭新的文明观，实现人类与自然的和谐共生，为人类社会进入生态文明时期奠定了基础。

时期	原始文明	农业文明 （第一次浪潮）	工业文明 （第二次浪潮）	生态文明 （第三次浪潮）
对自然的态度	崇拜自然	顺从自然，改造自然	征服自然	尊重自然、顺应自然、保护自然，谋求和谐共生
生产力水平	采集—渔猎，水平低下，发展缓慢	生产力发展，灌溉和农耕	征服自然	尊重自然、顺应自然、保护自然，谋求和谐共生
人地关系思想	恐惧和依赖	环境科学萌芽	发展速度惊人	谋求人地协调，可持续发展
主要环境问题	改造环境能力微弱	依附减弱，对抗增强，环境趋于恶化	全面不协调，人地矛盾激化，局部地区环境污染演变为公害	人口激增，资源欠缺，环境污染，生态破坏，全球性环境问题突出

表2-1 不同时期文明发展的人地关系特征及其环境问题

（二）生态文明与美丽中国、人类命运共同体的关系

生态文明是人与自然关系发展演变过程中所呈现的一种文明形态，集中反映了人与自然和谐共生的思想。生命共同体这一概念强调人与自然的共融共生、

休戚与共的关系，因为"只有一个地球"，人类必须树立尊重自然、顺应自然、保护自然的生态文明理念，保护自然生态系统，维护人与自然之间形成的生命共同体。

1. 生态文明与生命共同体的关系

生态文明是人类与自然关系演变的新阶段，其核心理念是人与自然的和谐共生。生命共同体概念则强调人与自然的共融共生，体现了"只有一个地球"的现实认识。在生态文明理念中，保护自然、顺应自然、共生共存是基本原则，而生命共同体的概念进一步强调了这种和谐共生的重要性。例如，新冠肺炎疫情的暴发充分表明了人类与自然之间的紧密联系，只有通过团结合作、共同抗击疫情，才能保护人类社会的生存与发展。因此，生态文明与生命共同体是相辅相成、相互促进的概念，共同构筑了人与自然和谐共生的理想境界。

2. 生态文明与美丽中国的关系

美丽中国是中国生态文明建设的战略目标，旨在建设一个生态环境优美、生态文明建设充分展示的中国。生态文明建设强调保护环境、优化生态系统、实现人与自然的和谐共生，而美丽中国则是这一理念的具体体现和阶段性目标。通过推动生态文明建设，中国致力于实现经济社会发展与生态环境保护的双赢局面。例如，中国实施生态修复、推动绿色发展、加强环境治理等措施，旨在改善生态环境质量，提升人民群众的生活品质。因此，生态文明与美丽中国之间存在着密切的关系，美丽中国是生态文明建设的具体目标和实践路径。

3. 生态文明与人类命运共同体的关系

人类命运共同体是关于全球合作、共同发展的理念，旨在构建人类命运共同体，实现人类共同利益的最大化。生态文明建设是实现人类命运共同体的重要途径之一。生态文明的核心理念是人与自然的和谐共生，这与人类命运共同体的理念是一致的。通过生态文明建设，各国可以加强环境治理、推动可持续发展，共同应对全球性挑战，实现共同发展、共同繁荣。例如，中国积极参与全球环保治理、推动气候变化合作，为构建人类命运共同体作出了积极贡献。因此，生态文明与人类命运共同体是相辅相成、相互促进的关系，共同推动着人类社会朝着共同利益、可持续发展的方向前进。

二、生态文明对环境类专业人才培养的影响分析

（一）生态文明理念对环境类专业人才培养模式的影响

1. 课程设置的更新和调整

在传统的环境类专业课程设置中，通常侧重于传授基础理论知识和技术技能，强调学科的专业性和深度，而忽视了与其他学科的交叉融合以及实践能力的培养。然而，随着生态文明理念的兴起和发展，人们对环境问题的认识不再局限于单一学科，而是更加强调跨学科的综合应用和对实践能力的培养。

（1）生态文明理念要求培养具有环境意识的人才

在课程设置方面，新兴的环境类课程将更加注重引导学生对环境问题的认识和思考，包括环境伦理学、生态学基础、环境政策与管理等课程。这些课程不仅是传授知识，更是通过案例分析、讨论、论文写作等方式，培养学生对环境问题的敏感性和批判性思维，使他们能够全面理解环境问题的本质和复杂性。

（2）生态文明理念强调培养具有创新能力的人才

在课程设置方面，新兴的环境类课程将更加注重跨学科的融合和创新思维的培养，包括生态设计、可持续发展理论与实践、绿色技术创新等课程。这些课程不仅是传授知识，更是通过项目驱动式学习、实践活动等方式，激发学生的创新潜能，培养他们解决实际环境问题的能力。

（3）生态文明理念要求培养具有实践能力的人才

在课程设置方面，新兴的环境类课程将更加注重实践环节的丰富多样化，包括实地考察、社会实践、企业实习等。这些实践环节不仅是对课程内容的延伸和应用，更是培养学生实际操作能力和团队合作精神的重要途径，使他们能够在真实环境中应对各种挑战和问题。

2. 教学方法的创新

传统的教学方法通常侧重于理论课堂教学，着重于传授基础理论知识，而在生态文明理念的指引下，教学方法的创新成为必然选择，以更好地培养具有创新能力和实践能力的环境类专业人才。

（1）生态文明理念倡导的教学方法更加注重实践教学

通过实践教学，学生能够在真实环境中应用所学知识，解决实际问题，培养实践能力和解决问题的能力。例如，通过实地考察、实验实践、模拟操作等方式，

学生能够深入了解环境问题的现状和原因，掌握解决问题的方法和技巧。这种实践教学不仅能够增强学生的学习兴趣和动力，更能够提升他们的实际应用能力，为将来的工作做好充分准备。

（2）生态文明理念倡导的教学方法更加注重案例分析

通过案例分析，学生能够了解真实环境问题的背景、原因和解决方案，培养分析和解决问题的能力。例如，通过分析历史案例、典型案例和实际案例，学生能够深入理解环境问题的复杂性和多样性，提炼问题的关键点和解决方案，培养自主思考和判断能力。这种案例分析不仅能够拓宽学生的视野和思维，更能够激发他们的创新潜能，为未来的工作和研究打下坚实基础。

（3）生态文明理念倡导的教学方法更加注重团队合作

通过团队合作，学生能够在协作中相互学习、相互促进，培养团队协作和沟通能力。例如，通过小组讨论、团队项目等方式，学生能够共同解决复杂的环境问题，分享资源和经验，提升团队的凝聚力和执行力。这种团队合作不仅能够培养学生的团队精神和合作意识，更能够培养他们的领导力和组织能力，为未来的团队工作做好充分准备。

3. 实践环节的丰富多样化

传统的实践环节可能主要集中在实验室实践和模拟实习上，学生在受限的环境中进行操作和学习。然而，生态文明理念的引领促使教育者和专业机构更加重视真实环境中的实践活动，为学生提供更广阔的实践场景和更丰富的实践体验。

第一，社会实践是生态文明理念下实践环节的重要组成部分。通过社会实践，学生能够走出校园，深入社会各个领域，了解社会环境问题的实际情况，参与解决实际问题的过程。例如，学生可以参与环境保护组织的活动、参与社区环境改善项目，或者参与环保公益活动，从而感受到环境问题的紧迫性和重要性，培养其实践能力和社会责任感。

第二，企业实习是生态文明理念下实践环节的另一个重要形式。通过企业实习，学生能够进入真实的工作环境，了解企业对环境问题的态度和做法，学习环境管理和保护的实际操作技能。例如，学生可以在环保企业、环境监测机构、生态农业公司等单位进行实习，参与实际的环境监测、治理和管理工作，积累实践经验，提升自己的职业素养和竞争力。

第三，生态保护项目也是生态文明理念下实践环节的重要组成部分。通过生态保护项目，学生能够深入了解生态系统的运行机制和生物多样性的重要性，学习生态保护的理论和方法，参与实际的生态保护工作。例如，学生可以参与保护区的建设和管理、参与野生动植物的保护和监测工作，或者参与生态修复和环境监测项目，为生态环境的改善和保护作出贡献。

（二）生态文明对环境类专业课程设置的影响

1. 跨学科的融合

生态文明理念的兴起推动了环境类专业课程设置向跨学科融合方向发展。传统的环境类专业课程可能过于专注于特定领域的知识传授，而忽略了环境问题的复杂性和多元性。生态文明理念强调人与自然的综合关系，要求培养具有全面素养的人才，因此，新兴的环境类课程更加注重跨学科的融合，将生态学、社会学、经济学等多个学科领域的知识融入课程设置中，使学生能够全面理解环境问题的本质及其与人类社会的关联。

在课程设置中，跨学科融合体现在多个方面。首先，课程内容涵盖了多个学科领域的知识，如环境生态学、社会经济学、政策管理等，以促进学生对环境问题的全面理解。其次，教学团队跨学科成员的参与促进了不同学科间的交流与合作，提升了教学质量与效果。最后，课程设计中的项目案例也更加综合，涉及不同学科领域的知识与技能，培养学生跨学科的思维与能力。

2. 理论与实践相结合

生态文明理念要求培养具有实践能力的人才，这对环境类专业课程的设置提出了新的要求。传统的课程设置可能偏重于理论知识的传授，而忽视了对实践能力的培养。因此，新兴的环境类课程更加注重理论与实践相结合，通过案例分析、实地考察、实验教学等方式，使学生能够将理论知识应用到实际问题中，从而提升解决问题的能力。

在课程设置中，理论与实践相结合体现在多个方面。首先，课程设计注重实际问题的引入，通过案例分析等方式将理论知识与实际案例相结合，使学生能够更深入地理解理论知识的实际应用。其次，实践环节的设置丰富多样，包括实地考察、实验教学、模拟操作等，以提供学生与真实环境接触的机会，并培养他们的实践能力。最后，课程评价也更加注重学生的实际表现，包括实验报告、项目论文、实践成果等，以评估学生在实践活动中的表现与成果。

3. 培养创新思维

生态文明理念要求培养具有创新能力的人才，这对环境类专业课程设置提出了新的挑战。传统的课程设置可能偏重于知识传授，而忽视了对创新思维的培养。因此，新兴的环境类课程更加注重培养学生的创新思维，通过项目驱动式学习、课程设计比赛等方式，激发学生的创新潜能，使他们能够在未来的工作中提出创新性的解决方案。

在课程设置中，创新思维的培养体现在多个方面。首先，课程设置注重问题导向，通过项目驱动式学习等方式，让学生从实际问题出发，提出创新性的解决方案。其次，课程设计中注重学生的参与合作，鼓励团队协作与交流，培养学生的团队合作精神和创新意识。例如，设置课程项目，要求学生组成团队共同解决环境问题，通过合作讨论、交流学习，激发出更多创新思维的火花。最后，课程评价中也考核学生的创新能力，不仅关注其对知识的掌握，更注重其在解决问题过程中的创新性思维与表现，如提出新颖的观点、设计独特的解决方案等。

（三）生态文明对环境类专业教育目标的影响

1. 转变培养目标

在过去，环境类专业的教育目标主要集中在学生的专业技能和知识储备上。学生被要求掌握环境科学、环境工程等相关领域的理论知识，以及各种环境监测、评估、治理等技术方法。这种教育目标的核心是培养学生在特定专业领域的深度学习和技术应用能力，以满足社会对环境问题解决方案的需求。在这种教育模式下，学生通常被视为未来环境领域的专业从业人员，他们的主要任务是运用所学知识和技能解决现实生态环境问题。然而，随着生态文明理念的兴起，环境类专业的教育目标发生了重大转变。生态文明理念强调人与自然的和谐共生，倡导维护生态平衡和促进可持续发展。在这一理念的指导下，新的教育目标更加注重学生的综合素质和社会责任感。除了专业技能和知识储备外，教育目标还包括培养学生的环境意识、创新能力和实践能力。学生需要在学习过程中逐步形成对环境问题的认知，意识到自己作为环境保护者的责任，具备解决环境问题的能力和意愿。因此，新的教育目标要求学生能够独立思考和解决复杂的环境问题，为建设美丽中国和实现可持续发展目标作出贡献。

这种教育目标的转变反映了社会对环境类专业人才的新需求。传统的技术型人才已经不能满足社会对环境保护和可持续发展的要求，而需要具备更广泛能力和责任感的复合型人才。新的教育目标旨在培养学生成为具有扎实专业基础、综合素质和社会责任感的环境领域专业人才，他们不仅能够运用所学知识和技能解决具体的环境问题，还能够积极参与社会实践，推动社会走向更加可持续的发展道路。因此，教育目标的转变不仅符合生态文明理念的倡导，也与社会对环境类专业人才的需求高度契合。

2. 强化社会责任感

在传统的教育模式下，环境类专业的教育目标对学生的社会责任感要求较低。学生主要被培养为专业技术人员，注重其在专业领域内的能力和知识水平，而社会责任感并不是教育的重点。学生在课堂上主要接受理论知识和技术培训，而缺乏对环境保护和可持续发展的社会责任意识的深入培养。因此，传统教育模式下的学生往往对于自己在社会中承担的责任认识较为模糊，缺乏对于环境问题的深刻理解和积极参与的意识。然而，生态文明理念的兴起为教育目标的转变提供了契机。生态文明理念强调人与自然的和谐共生，倡导每个人都应该为环境保护和可持续发展负起应有的责任。因此，在新的教育目标中，社会责任感成为重要的培养目标之一。学生被要求认识到自己在环境保护和可持续发展中的重要性，积极参与社会实践，为实现美丽中国和人类命运共同体的目标作出贡献。

新的教育目标不仅要求学生具备专业技能，还要求他们能够将所学的知识和技能应用到社会实践中，为解决实际问题作出贡献。因此，将教育目标的设定与实践结合起来，通过社会实践、实习、项目等形式，培养学生的社会责任感和实践能力。学生通过参与实际项目，深入了解环境问题的复杂性，从而更加深刻地认识到自己在环境保护和可持续发展中的责任，为未来的工作和社会责任做好准备。

3. 强调人与自然和谐发展

在传统的教育模式下，环境类专业的教育目标主要集中在学生的专业能力和知识储备方面。学生在课堂上接受理论知识和技术培训，侧重于环境科学、环境工程等专业领域的技能和应用能力的培养。他们被视为未来环境领域的专业人才，其培养目标着眼于满足社会对于环境问题解决方案的需求。因此，在传统的教育模式下，人与自然和谐发展的重视相对较少，学生的注意力更多地集中在专业领域的学习和技能提升上。然而，生态文明理念的兴起为教育目标的转变提供了契机。生态文明倡导人与自然和谐共生，强调人类与自然环境之间的密切联系和相互影响。因此，新的教育目标更加强调人与自然的和谐发展。学生被要求不仅要具备专业知识和技能，还需要具备生态意识和可持续发展理念，能够深刻理解人类活动对自然环境的影响，并探索促进人与自然和谐发展的途径和方法。他们需要意识到自己在环境保护和生态建设中的重要性，积极参与相关工作，为实现人与自然的和谐共生作出贡献。

因此，新的教育目标不仅要求学生具备专业的知识和技能，还要求他们具备生态意识和可持续发展理念，能够积极参与环境保护和生态建设，为实现人与自然的和谐共生作出贡献。教育目标的设定需要综合考虑学生的专业素养、社会责任感以及生态意识等方面，通过教育和培养，使学生在未来的工作和生活中能够更好地适应环境领域的发展需求，为构建美丽中国和实现可持续发展目标贡献力量。

第三章　思政教育与环境类专业

第一节　思政教育在高校的地位与作用

一、思政教育的基本内涵

（一）思想政治教育概述

1.思想政治教育的含义

在阶级社会中，思想政治教育起着重要作用。它是指在特定社会形态下，统治阶级或政党通过引导、教育和宣传一定的政治理念、道德规范，以塑造社会成员的思想品德，使之符合社会的需要。这种教育具有目的明确、导向明确的特点。在我国，思想政治教育根据党的基本政策、国家国情，对人们的思想观念、道德规范、政治理念等进行教育和引导。其任务是运用马克思列宁主义的理论观点和马克思主义中国化的成果，培养人们自觉树立社会主义意识形态，坚定社会主义方向，提升道德修养水平，培养符合"四有"新人标准的人才。

2.思想政治教育的内容

思想政治教育的内容全面，涉及范围广，主要在政治、思想、道德、法纪、心理五个方面对人们进行引导和教育。政治教育保证思想政治教育具有正确的政治方向，是引导思想政治教育沿着正确方向发展的指明灯，它主要是对人们进行党的相关政策、路线和方针的教育，促使人们了解国家基本国情，决定了思想政治教育其他方面内容所要坚持的方向和目的。思想教育是通过教育社会成员了解人类社会的发展轨迹来加深对社会发展固有规律的认识，引导人们逐步形成对他人、对社会、对自然世界的一系列正确的观点，从而养成科学思维的良好习惯，掌握认识和改造世界的方法和思维能力，从哲学角度来说思想教育是形成世界观和方法论的基石，也是进行其他思想政治教育内容必须完成的基础准备。道德教育是对人进行德育教育，促进人形成良好的道德品质。道德是通过人们普遍认同的善恶、对错、美丑等来判断事物，从而通过社会成员对道德层面的问题作出取舍来调整人与人、人与社会的关系。通过对人们进行道德教育，道德的调节作用就能发挥出更大的作用和影响力，会促进思想政治教育其他方面的发展。法纪教育是对人进行法律、纪律教育，它是思想政治教育具体实施过程中的保障力量，使得政治理想最终得以实现。法律是以强制力的形式对社会成员必须遵守的内容进行了明确的规定，引导人们由外而内地提高自律能力和水平，培养人们正确的法制观念，使人们遵守国家纪律与规则。心理教育是对人的各种心理状况进行教育，无论是对人进行政治教育、思想引导还是提高道德修养和法纪观念，都依赖于人对心理的调节、保持和统合，都要起始于心理的感知和认识，都要经过认识、实践、再认识、再实践的过程，不断进行感觉、记忆、想象、思维等，从而改变个人的固有情感、性格、信念及个人行为。因为不同的人具有不同的个性和能力，同样的教育和学习引导会产生不同的结果，所以说，良好的心理是增强修养、提高学习和促进能力发展的前提条件。

3. 思想政治教育的特点

（1）阶级性

思想政治教育是一种普遍的社会实践活动，它的开展是在一定的阶级社会条件下进行的。思想政治教育普遍存在于任何阶级社会里，它代表着统治阶级的思想和观点，反映统治阶级的意志和要求，为满足统治阶级和政党的需要和利益服务，统治阶级利用思想政治教育来规范全体社会成员的行为，以达到巩固其统治地位的目的。在社会主义制度下，思想政治教育反映的是无产阶级的要求，它以马克思列宁主义及共产主义的信仰来教育、影响人的思想和行为，使人们为了实现共产主义而奋斗。可见，在一定社会制度下，思想政治教育是为制定这个社会制度的统治阶级而服务的，具有一定的阶级性。

（2）目的性

在特定的社会背景下，思想政治教育是普遍存在的社会实践活动。它在各种阶级社会中都有所体现。思想政治教育代表着统治阶级的观点和意志，反映了统治阶级的需求和利益。为了巩固自身的地位，统治阶级利用思想政治教育来规范社会成员的行为。在社会主义制度下，思想政治教育反映了无产阶级的利益和要求。它以马克思列宁主义及共产主义信仰为指导，影响着人们的思想和行为，鼓励他们为实现共产主义事业而奋斗。因此，在不同社会制度下，思想政治教育都为当时的统治阶级服务，具有明显的阶级性。

（3）实践性

除了传授理论知识，思想政治教育还必须注重实践性，力求贴近实际、务实求真。因为思想政治教育源自社会实践，又直接影响着社会实践，如果脱离实际，就会失去生命力。思想政治教育的内容涵盖了社会政治、经济、法律、道德、文化等多个方面。随着时代的变迁和社会的快速发展，思想政治教育必须不断改革、创新和完善。为了推动社会各个方面的发展，思想政治教育必须与社会实践紧密结合，与时俱进、联系实际、深入群众。它需要融入日常生活中，渗透到政治、经济、文化、社会生活以及各项管理工作中去，为各项工作提供思想支持和精神动力。只有这样，思想政治教育才能发挥出其潜在的作用，取得实际的效果。

（4）超越性

思想政治教育的超越性体现在其对个体行为和社会实践的引领和引导方面。它具有超越个体现实情况的能力，能够对个体的发展趋势进行深入分析和准确预测，从而为个体提供具有前瞻性的教育和培训。通过对个体进行启发和引导，思想政治教育能够激发个体的潜能，引导其思想观念和行为方式向着更高层次发展，实现对个体的超越。

首先，思想政治教育的超越性体现在其对个体发展趋势的预测和分析方面。通过深入研究社会发展规律和个体行为心理学，思想政治教育可以准确把握个体在不同阶段的发展特点和趋势，为个体的成长提供科学的指导和引导。例如，针对青少年时期的个体，思想政治教育可以针对其心理特点和成长需求，提供相应的教育内容和活动，促进其健康成长和全面发展。其次，思想政治教育通过具有前瞻性的教育和锻炼，引导个体实现对自我的超越。通过开展各类思想政治教育活动，如讲座、研讨会、文化体验等，个体可以接触到各种先进的思想观念和行为模式，从而拓展自己的思维边界，激发自身的创新潜能，实现对自我的超越。例如，组织讨论会和座谈会，可以让个体与他人交流思想、分享经验，从而开阔自己的视野，拓展自己的思维方式。最后，思想政治教育的超越性还体现在其对现存社会和人的超越方面。思想政治教育不仅关注个体的个人发展，还注重个体与社会的互动和影响。通过引导个体积极参与社会实践活动，思想政治教育可以促进社会的进步和发展，推动社会朝着更加美好的方向发展。例如，鼓励个体参与志愿服务和社区建设活动，可以增强个体的社会责任感和集体意识，推动社会和谐稳定发展。

（5）主体性

主体性是指人在认识和改造世界的实践活动中表现出的能动性、主动性和创造性，在思想政治教育的具体实施过程中，思想政治教育的主体和客体都具有主体性。思想政治教育主体即教育者，主要是对思想政治教育客体的思想行为进行指导，使客体认识到自身不足，帮助其形成良好的道德品质，教育者只有具有主体性，才能敏锐意识到社会的不断发展，使人们对思想政治教育的要求发生变化，从而对其进行改革创新，发挥教育者的主体性。对于思想政治教育客体即受教育者，思想政治教育的任务是唤起受教育者的主体性，使其能够自我教育，并主动配合教育者完成相关教育计划和教育任务，对于思想政治教育者的教育内容，能根据自己的思维方式和思想观点加以选择接受，能动地把自己的思想转化为行为。只有把思想政治教育主体和客体的主动性、能动性和创造性都调动起来，才能不断挖掘思想政治教育主体的潜能，提高其施教能力，才能培养思想政治教育客体的主体意识，保证思想政治教育活动的顺利进行。

（二）思想政治教育与高校人才培养的关系

1. 思想政治教育是高校人才培养的生命线

随着经济全球化的快速发展，各国都意识到要想在激烈的世界竞争中保持不败之地，人才是关键的关键，世界各国需要的人才不再是单一的具有专业知识和科技技能，而是要具备各种素质的全面发展的人才。所谓全面发展的人才，就是指人的各方面素质，包括智力素质、体力素质、政治素质、心理素质等，全面稳步发展和提高。在长期的教育实践和改革中，我国意识到德育在人才培养中的关键作用，高校是为国家和社会培养高素质、高层次人才的坚实基础，思想政治教育则在培养人才德育方面发挥着不可替代的作用。

大学生要想成为国家栋梁之材，就必须具备过硬的专业知识和专业技能、坚定的政治方向、崇高的理想追求、高尚的道德品质和健康的心理素质等，专业知识要靠老师的传授和个人的刻苦努力来获得，而坚定的政治方向、崇高的理想追求、高尚的道德品质和健康的心理素质则需要通过思想政治教育的培养来获得，可见，离开思想政治教育去培养人才就会产生很大的片面性，影响人才的培养质量，甚至导致失败。当今我国经济和社会快速发展，人们的物质生活得到很大提高和改善，同时也带来了精神生活的一些问题，在打开国门，学习国外先进知识和经验的同时，一些腐朽的、消极的不良思想也流入我国，此时大学生正处于人生观、世界观、价值观形成的关键时候，难免不受这些不良思想的影响和渗透，而各个高校对大学生专业素质过分功利性的要求，也使得大学生综合素质不完善，这时候就需要思想政治教育对大学生进行积极有效的干预和教育，让他们及时醒悟，保持清醒的头脑，树立科学正确的思想观念、道德观念和价值观念，从而提高他们的综合素质。思想政治教育能够为大学生提供有力的思想保证，教育大学生具有坚定的政治信念、崇高的理想追求、高尚的道德情操和较强的社会责任感，使大学生能够积极主动参与到社会主义现代化建设中，为国家和社会的发展贡献自己的力量。常言说得好："有德有才破格重用，有德无才培养使用，有才无德限制使用，无才无德坚决不用。"可见，思想政治教育在高校人才培养中居首要地位，是高校人才培养的生命线。

2. 思想政治教育与高校人才培养的目标一致

思想政治教育的目标在于通过理论教育和思想引导，提高人们的思想道德水平，引导他们树立正确的思想观念、价值观念和行为习惯，从而实现人的全面协调持续发展，为中国特色社会主义现代化建设提供合格的人才。与此相对应，高校人才培养的目标也是促进人的全面发展，但其着重点在于培养高素质、高层次的全面发展的人才，使其在智能素质、身体素质、政治素质、思想素质、心理素质等方面全面发展，成为推动国家和社会发展的强大动力。虽然表述方式有所不同，但实质上二者均致力于培养具有优秀思想品德和全面素质的人才，为国家和社会的可持续发展作出积极贡献。

第一，思想政治教育注重培养人们的思想道德修养和正确的思想观念，以适应社会主义现代化建设的需要。通过马克思列宁主义及马克思主义中国化的理论成果，引导人们树立正确的世界观、人生观和价值观，从而增强他们的社会责任感和使命感，为国家和社会的发展贡献智慧和力量。而高校人才培养则是以培养学生的全面素质和创新能力为目标，通过专业知识教育和实践训练，提升学生的综合能力和竞争力，使他们成为能够胜任各种工作和挑战的优秀人才。

第二，思想政治教育追求人的全面协调持续发展，培养具有高度思想觉悟和社会责任感的人才。通过丰富多样的教育活动和思想引导，提升人们的思想觉悟和精神境界，使他们具备正确的人生观和价值观，从而在各个领域发挥积极作用。

而高校人才培养也是追求学生的全面发展，但更注重培养学生的专业能力和实践能力，使其具备解决实际问题和应对挑战的能力，成为具有创新意识和团队合作精神的优秀人才。

第三，思想政治教育和高校人才培养都是为国家和社会的发展服务的。思想政治教育旨在为社会主义现代化建设提供合格的人才，为国家的长治久安和繁荣昌盛作出贡献。而高校人才培养则是为国家经济建设和社会进步培养各领域的专业人才，为国家的现代化事业作出积极贡献。因此，虽然二者的表述方式和侧重点有所不同，但其目标都是为了促进人的全面发展，为国家和社会的发展作出积极贡献。

3. 思想政治教育能够促进高校人才智力素质和非智力素质的双重提高

非智力素质是相对智力素质而言的，它是指人智力素质之外的那些参与学习活动并产生影响的个性心理因素，如兴趣、动机、情感、意志、性格等方面。思想政治素质属于非智力素质，它是高校人才素质的核心，推动高校人才其他素质的发展。思想政治教育通过开展理论教育和实践活动，有效地提高了高校人才智力素质的全面提高；思想政治教育通过培养高校人才坚定的政治信仰、崇高的理想追求、积极乐观的生活态度、坚强的意志品质，为其指明了前进方向，提供了巨大的精神动力；思想政治教育还能利用最新的理论知识武装高校人才的头脑，使高校人才具有与时俱进、开拓创新的品质，最大限度地发挥人的主观能动性和发掘人的内在潜能，从而推动高校人才在专业技能方面的创新能力。

4. 高校人才培养能够促进思想政治教育理论的丰富与实践的发展

高校人才培养对思想政治教育理论的丰富与实践的发展具有积极推动作用。在高校人才培养的过程中，思想政治教育必然会根据当前国家和社会的实际情况进行调整和改进，以适应不断变化的需求。高校人才培养的全面性和多方位性涉及专业知识、道德修养、心理健康、政治素养等诸多方面，这些与思想政治教育的内容密切相关，为思想政治教育理论的丰富提供了重要的参考。

高校人才培养的内容不断更新，这就要求思想政治教育必须根据现代素质教育的新理念，不断优化教育内容，改进教育方法和途径，以适应新情况和新问题的出现。思想政治教育需要结合实际情况，充分利用全球化和信息科技社会带来的有利条件，广泛吸纳新理论、新观念、新知识、新信息，不断完善教育内容，增强针对性和实效性。

同时，高校人才培养也为高校思想政治教育队伍的壮大提供了新的力量。大学生是未来社会各行各业的中坚力量，他们在校期间接受的思想政治教育将对其日后的行为和价值观念产生深远影响。有些大学生毕业后选择留校从事教育工作，成为思想政治理论课教师或专业课教师，这为高校思想政治教育队伍的壮大提供了新的补充和支持，也为思想政治教育的发展注入了新的活力。

二、思政教育在高校教育体系中的地位

（一）思想政治教育在高校人才培养中的作用

1. 思想政治教育在高校人才培养中具有导向作用

（1）思想政治教育帮助高校人才确立正确的政治方向

高校人才培养与思想政治教育的协同作用在于帮助学生确立正确的政治方向。政治方向是指个人在政治立场、信仰和态度等方面所表现出的特定倾向和取向。思想政治教育的首要任务就是向人们传达党和国家各个时期的政策、方针和路线，引导他们树立正确的政治觉悟和信念。我国思想政治教育的特点在于通过无产阶级党性来确立社会主义教育的本质，保证我国教育事业具有明确的政治方向和目的。因此，在高校人才培养过程中，正确的政治方向被置于首要位置，作为人才培养的核心要素之一。政治方向是高校人才培养的灵魂，只有确立了正确的政治方向，学生才能为国家和社会的发展作出积极的贡献。

在当今社会，为了确立正确的政治方向，学生应坚定共产主义信念，坚持中国特色社会主义的共同理想，坚守四项基本原则，坚定地走中国特色社会主义道路。然而，随着改革开放的深入，一些西方政治观念不断传入我国，挑战着人们对社会主义的信仰。这些观念鼓吹资本主义的优越性，质疑社会主义的前景，对我国人民的思想产生了消极影响。在高校，一些学生对党和国家的政策不满，对社会现实存在的问题感到不公平，这加剧了对社会主义的质疑和不信任。因此，加强对学生的政治方向教育势在必行，高校应意识到意识形态领域斗争的紧迫性，通过全面深入的思想政治教育，帮助学生确立正确的政治立场和信念。

首先，思想政治教育应注重用马克思列宁主义、毛泽东思想和中国特色社会主义理论武装学生的头脑。通过加强学生对这些科学理论的理解和学习，增强他们的政治意识，塑造他们坚定正确政治方向的信念。其次，高校应定期开展思想政治宣传活动，利用实践活动对学生进行思想政治教育，及时宣传党的最新政策、

路线和方针，帮助学生增强政治觉悟和意识，以防止外来不良思想的侵蚀，确保学生的思想保持正确的方向。

（2）思政教育助力高校人才树立正确的世界观与人生观

一个人只有具备科学正确的世界观，才能正确看待和处理生活中遇到的各种问题。人生观受世界观的影响，指人们对于生命的价值、意义和生存目的的看法，通常包括对生死、苦乐、荣辱等方面的观念。马克思主义人生观是指引导人们树立正确人生目标和价值取向，以实现共产主义为人生目标，以集体主义为人生价值追求，以个人对国家和社会的贡献为人生价值标准，以乐观主义为人生态度。在高校人才培养中，学生需要树立正确的人生观，才能规划自己的未来发展方向，克服生活中遇到的各种困难，最终取得人生的幸福和事业的成功。价值观是指人们对事物的评价、选择和价值追求的看法和立场。它在利益取舍时表现出来，也体现在对价值的追求和取向上。大学时期是塑造世界观、人生观和价值观的关键时期，当代大学生容易受到市场经济消极方面的影响，出现了享乐主义、个人主义、资本主义优越性等思想问题。因此，解决大学生的思想问题成为思想政治教育的重要任务。思想政治教育应根据时代和社会发展的特点，结合高校人才培养的要求，采用适当的方式，组织和引导学生系统学习马克思主义哲学，掌握辩证唯物主义、历史唯物主义等基本原理，形成科学的世界观。同时，思想政治教育以马克思列宁主义、毛泽东思想和中国特色社会主义理论为指导，对学生进行人生观和价值观的科学教育，促进他们树立积极的人生观和正确的价值观。

（3）思想政治教育助力高校人才确定科学成才目标与就业方向

高校人才是民族的希望，是国家的未来，肩负着振兴中华民族的历史重任。当前，多数大学生能够认识到努力学习专业知识的重要性，认识到知识可以改变一个国家、一个人的命运，他们把自己的发展前途和国家的发展紧紧相连，有着强烈的立志报国的决心。大学生成才目标的确立应该紧紧与国家和社会的发展、需要相联系，这就为大学生的发展提出了明确的方向和要求。基于这一点，思想政治教育工作的重点是培养大学生要热爱祖国、热爱人民、树立崇高理想、具有较强的社会责任感，能够把个人的前途发展和国家命运紧紧相连，立志成才报效国家，为国家和社会的发展贡献自己的力量，实现人生价值。针对大学生的就业问题，高校要高度重视、正确引导，使大学生的就业选择既能满足国家和社会的发展需求，又能满足大学生自身理想、追求、爱好和兴趣。当前，在大学生中普遍存在脱离自身实际情况，跟风选择专业的不良现象，造成社会上一些岗位供大于求，而一些岗位难觅人才，这就造成了人才的浪费，使得大批高校人才处于失业的状态，而一些大学生虽然就业成功，但由于所学专业并不是自己真正喜欢的，也就不能抱着极大的工作热情去工作，无形之中对社会的发展起了消极作用。这时就需要思想政治教育对大学生进行就业指导，帮助大学生正确看待社会、市场的需求和估计自己的实力，树立正确的就业观，让每个大学生都能够人尽其才，把学到的知识真正运用到实际工作中，带动大学生的自身发展和社会的发展。

（4）思想政治教育帮助高校人才培养现代思想意识

现代思想意识与传统思维观念相对应，它代表了一种能够促进个人成长和社会进步的新思想、新观念和新意识。在参与社会实践的过程中，人们需要及时更新自己的思想观念，以适应时代和社会的发展，从而实现个人与社会的不断进步。在我国的社会发展过程中，要实现现代化进程，必须培养具有现代思想意识的人才。现代思想意识是社会现代化和精神文明进步的必然产物，也是推动现代化进程和精神文明建设的重要前提。

由于我国长期受封建社会和计划经济制度的影响，一些传统观念和封建思想在人们心中根深蒂固。这些传统观念和封建思想的存在，给当前社会发展带来了各种思想障碍。因此，高校思想政治教育必须根据社会发展的需要，不断更新、完善和丰富教育内容，采用先进的教育方式和手段，培养学生树立符合改革开放和现代化建设要求的新思想、新观念和新意识。通过用最先进的思想武装学生的头脑，提高他们的现代化素质，更好地为实现国家现代化建设目标作出贡献。

（5）思想政治教育帮助高校人才形成科学的思维方法

人们认识和改造客观事物的一切活动都离不开科学的思维方式，思维能力是人工作学习的核心，它与人的智能素质、心理素质和思想道德素质的发展都有着密切的联系。高校思想政治教育通过对大学生进行马克思列宁主义以及马克思主义中国化的科学理论教育，培养大学生运用辩证唯物主义和历史唯物主义的观点去分析问题和解决问题，从而形成科学的思维方法。在学习、生活和今后的工作中，大学生会遇到各种各样的问题和任务，而解决问题和完成任务的关键在于方法，有了科学的思维方法，就有了解决各种问题和任务的强有力武器。所以说，在高校人才培养中，坚持正确的思维方法、方式，就会少走弯路，多出成果，甚至达到事半功倍的效果。

2. 思想政治教育在高校人才培养中具有动力作用

（1）思政教育激发高校人才成才之志

所谓激励，就是激发、鼓励人的具体行为动机，以促使人积极主动地完成行为目标。根据马克思主义关于人的需求体系随着社会的进步而不断丰富发展的理论，即"需要产生动机，动机引发行为"的理论，我们可以知道，为了满足人不断发展的需要，激发人不断发展的动机，就应该有不断发展的激励。人有多种多样、不同层次的需求，既有最基本的生存需要，也有高层次的自我实现需求，要满足人的各种需求，就要对人进行激励。思想政治教育根据大学生的思想观念、心理状况和行为特点，按照国家和社会的发展要求，为大学生建立正确的成才目标，并通过一定的激励方式与手段，充分调动大学生的积极性和主动性，激发大学生形成积极动机和强大的内在动力，使他们确立良好的行为方式，并朝着成才目标努力奋斗。在思想政治教育实践过程中，激励可以分为物质激励和精神激励，物质激励主要包括给予大学生一些物质奖励，如奖学金、奖品等，而精神激励则包括口头表扬、授予荣誉证书、颁发奖状等。物质激励注重的是大学生的物质需求，而精神激励则更注重大学生渴望被肯定、被赞扬的心理，其收到的效果也更加明显，它能影响大学生的人生观和价值观，帮助大学生拥有健全的人格、崇高的追求和高尚的品德，使其立志成才，朝着有利于自身的发展方向而努力。因此，精神激励成为高校思想政治教育工作的主要激励手段，对大学生进行正面积极的教育是思想政治教育工作激励的主要途径。同时，也要正视那些反面影响，及时指出那些错误的、消极的思想，及时警示，制止错误行为，使大学生清楚地分辨对与错、美与丑、善与恶，促使大学生健康成才。

（2）思政教育激发大学生创造力，发掘潜能

观察世界历史，每次重大社会变革，每一次巨大进步，皆源于观念创新和实践创新，创新乃是民族之灵魂，亦是国家和社会发展的不竭动力。人类的进步、各国的发展无一不归功于创新，若无创新，便无发展，社会将陷入停滞甚至倒退的境地。

在新时代、新形势下，高校在人才培养方面，将创造力视为衡量人才成功的重要标准之一。潜能即人体内潜藏的能力，需要通过教育和引导来挖掘。每位大学生都蕴藏着潜能，如何有效开发这些潜能，是思想政治教育的重要任务。大学生若要释放创造力，不仅要树立远大目标，亦须拥有坚韧的意志和顽强拼搏的精

神，更需具备克服重重困难和阻力的决心，以及不畏失败的牺牲精神，去迎接挑战。当前大学生大多年轻，生活经验和社会阅历尚浅，缺乏稳定的思想政治素养和坚韧的心理素质，易受各种困境的影响，缺乏挑战困难的积极性，无法充分发挥自身创造力。然而，通过思想政治教育，大学生能够加强自身的思想政治素养和心理素质，同时磨炼意志，从而更好地释放潜能，发挥创造力。

3. 思想政治教育在高校人才培养中具有塑造、育人作用

（1）思想政治教育可以促进高校人才文化素质的形成

文化素质指人在文化方面所具有的较为稳定的、内在的基本品质，表明人们在这些知识及与之相适应的能力行为、情感等综合发展的质量、水平和个性特点。文化素质不仅包含科学文化水平，还包含人文素养和科学素养。人文素养是指人在一定人文氛围的熏陶下形成的思维方式、价值观念、审美情趣、人格模式、学识才华等。科学素养是指人在处理生活和工作事务中所具备的科学概念和科学方法，并在此基础上所形成的稳定的心理品质。人文素养和科学素养是人获得科学文化知识的基础，科学文化水平的提高也会促进人文素养和科学素养的提高，只有同时具备科学文化知识、人文素养和科学素养的人可以称之为人才。我国高校教育历来强调科学文化知识的学习，而忽略了对大学生人文素养和科学素养的养成，一些大学生学历很高，但素质不高，成为只会学习的工具。思想政治教育通过实践，加强对大学生人文素养的陶冶，站在人文精神的制高点拓宽大学生的视野，洞悉社会，体察人生，提供人文精神的支持，帮助大学生树立崇高的社会理想，增强学习动力，促进大学生文化素质的提高。

（2）思想政治教育可以促进高校人才良好道德素质的形成

道德是以善恶为评判标准，通过传统习俗、社会舆论和内心信念来评价人的行为，调整人与人之间以及人与社会之间相互关系的行动规范的总和。当代大学生不仅要有过硬的专业文化知识，还要具备高尚的道德品质，高尚的道德品质是促进大学生健康成长的关键因素，也是国家和社会对大学生的基本要求。道德不是与生俱来的，它是在人们进入社会生活以后，在各种各样的社会道德实践过程中处理围绕着他本人而发生的种种道德关系过程中逐渐形成的。提升大学生的思想道德品质是高校思想政治教育的任务之一，它通过课堂、具体的实践活动对大学生进行道德思想、道德观念、道德规范的教育，使大学生具备良好的社会公德、职业道德、家庭美德和个人品德。在日常学习和生活中，思想政治教育通过道德规范来约束大学生的思想和行为，加强对大学生社会主义荣辱观的教育，引导大学生自觉养成遵纪守法、诚实守信、团结互助、自立自强、敬业奉献的基本道德规范，促进大学生形成良好的道德品质。

（3）思想政治教育可以促进高校人才健康心理素质的形成

心理是指个体对外界刺激的主观反应，人在社会实践中，通过思维、感觉、情感等多种形式表达出自身心理状态。心理素质则包括智力因素和非智力因素，前者指智力潜能和知识水平，后者涉及心理健康、个性品质、心理能力等。当前，随着市场经济的快速发展，大学生面临着日益加剧的物质、就业、竞争压力，而许多大学生缺乏应对压力的能力，导致心理问题的出现。这些问题主要体现在学习、生活和人际关系方面。在学习上，一些大学生缺乏艰苦奋斗、努力拼搏的意识；在生活中，金钱至上、奉献精神淡薄；在人际交往中，经常出现矛盾和不愉快。此外，就业困难时，大学生常常表现出自卑、焦虑等心理状态，影响了他们的心理健康。思想政治教育能够帮助大学生及时调整心理状态，使他们更好地应对外界压力，提升心理素质。同时，思想政治教育还能够化解人际矛盾，促进和谐发展。最重要的是，思想政治教育能够引导大学生正确认识社会发展趋势，树立积极向上的人生态度，不畏困难，勇于迎接挑战，从而实现全面发展。

4. 思想政治教育在高校人才培养中具有开发作用

（1）思想政治教育有利于高校人才个体性的开发

当今的世界是一个多元化的时代，是一个呼唤个性的时代，是每一个个体要求充分发挥自己能力、展示自己才能的时代。不同的人有不同的性格、爱好、才能和需求，就是同一个人，在不同的成长时期和不同的场合，也会有不同的个人需求。思想政治教育要充分认识到每个大学生都有自己独特的个性，按照大学生的个性发展特点，因材施教，使每个大学生能够充分发挥自己的特点和特长，增强他们的创造性和独立性，以更好地促进他们各方面才能的发展，从而实现其人生价值。

（2）思想政治教育有利于高校人才社会性的开发

思想政治教育的目标是促进人的全面发展，是个人价值和社会价值的双重体现，人参与社会实践活动的过程就是实现人的全面发展的过程。高校人才社会性开发是指大学生通过学习和实践活动，逐步把自己培养成一个适应社会发展需求、独立成熟、全面发展的社会人的过程。促进大学生的社会化，使其尽快融入社会是思想政治教育的重要任务，高校要努力提高大学生的人际交往能力、集体协作能力、组织能力和实际工作能力，鼓励大学生积极主动参与各种社会活动，把书本知识运用到实际生活中，增强大学生的自立性和实践性，实现对大学生健康心理、良好性格和精神状态的塑造，使大学生的思想和心灵得到升华，从而完成对大学生社会化开发的任务。

（3）思想政治教育促进高校校园的文化建设

校园文化是一种潜移默化的教育力量，对大学生的成长与发展起着不可替代的作用，具有重要的意义。在高等教育的过程中，建设良好的校园文化和学术环境至关重要，外部环境的影响能够激发学生内在潜能，推动其全面发展。首要的，思想政治教育有助于打造一种崇尚真理、科学求知、责任担当、追求卓越的校园文化。通过校园广播、学院刊物、网络平台等传播媒介，宣扬科学精神和追求真理的理念，向学生介绍最新学术动态和科技成果，激发他们的学习与探索热情，鼓励他们积极参与科研活动。其次，思想政治教育能够营造一种尊重知识、尊重人才、尊重个体的校园文化氛围，使学生意识到专业知识学习对个人发展的重要性，激发他们勤奋学习、自我成长的动力，为社会贡献自己的才智。最后，思想政治教育还能促进一种团结互助、共同进步的和谐校园氛围。通过同学间真诚相待、互助友爱、和谐相处，有助于学生快速融入集体，保持身心健康，培养良好的人格品质，激发其生活的活力和热情，为成长成才提供坚实的智力支持。

（二）思想政治教育在高校人才培养中的地位

1. 思想政治教育是高校人才培养的重要组成部分

高校是为国家和社会输送高科技和专业人才的摇篮，随着时代的变迁和社会的发展，提高人的素质成为高校人才培养的重中之重。高校要全面贯彻党的教育政策、方针和路线，加强大学生德育方面的教育，努力把大学生培养成为德、智、体、美、劳全面发展的高素质、高层次人才，能够为我国现代化建设作出贡献。素质教育涉及许多方面，是一个庞大的系统工程，它的教育内容包括科学文化素质教育、思想政治品德素质教育、身体素质教育、心理素质教养、创新精神和实践能力教育。在素质教育中，思想政治素养居于首要地位，是最重要的素质，是一切教育的灵魂，思想政治教育则在这个庞大的系统工程中担负着培养大学生的思想政治品德素养的历史重任，如果不重视思想政治教育，就会阻碍人的全面发展，影响人才的综合素质，所以，高校要把思想政治教育放在整个教育计划的首位，使素质教育这个系统工程能够顺利进行。

2. 思想政治教育是引导高校人才全面发展的基础

马克思系统分析了古代人在"人的依赖关系"状况下的片面发展，提出了人的全面而自由的发展是未来社会和人的发展目标。纵观我国社会的发展过程，各个时期都非常重视人的全面发展，毛泽东提出学生要在德、智、体方面全面发展，邓小平主张要培养有理想、有道德、有纪律、有文化的四有新人，江泽民号召全民提高思想道德素质与科学文化素质，胡锦涛提出科学发展观，要求社会和个人都要全面、协调、可持续发展。综上而论，人的全面发展，就是指人的各个方面素质的综合发展，它既包括人的智力和体力的同步发展，也包括人的兴趣、能力和道德品质的多方面发展。新时代新形势下，人才是各国较量的核心力量，我们需要的人才不仅要掌握专业知识，还要有良好的思想道德素质和过硬的心理素质等，是各方面共同发展的人才。思想政治教育是人全面发展的基础，离开思想政治教育，也就无所谓真正的人才，思想政治教育根据社会的发展和大学生的特点，引导大学生树立正确的人生观、世界观和价值观，完善大学生的人格，提高大学生的创新能力和实践能力，教育大学生要具有坚定的政治信仰、远大的理想，促进大学生的全面发展，使之真正成为国家的栋梁之材。

3. 思想政治教育是帮助大学生自觉发展的思想保证

人的发展在不同历史时期和社会条件下呈现出两种不同的状态：自发状态和自觉状态。自发状态指人只注重眼前的利益，对社会整体和客观规律认识不足，发展局限在狭小范围内。自觉状态指人能够主动把握社会发展方向，考虑全局，积极寻求发展，为自身确立长远的发展目标。大学生的发展也体现出这两种状态。当前，随着经济全球化迅速发展，市场经济强调利益观念，一些大学生只关注个人发展和眼前利益，缺乏长远目标，精神动力不足，无法把握全局发展方向，自我局限性明显，表现出狭隘功利的发展倾向，不利于未来发展。这些问题的出现源于缺乏正确的思想指导和理论知识。大学生要从自发发展转向自觉发展，需要思想政治教育的支持。他们需要将个人发展与社会发展紧密结合起来，不断调整自己以适应当代社会的发展，克服传统观念和行为方式的阻碍，积极应对社会的多变、复杂、开放和竞争。同时，他们需要培养自主意识和自觉意识，能够独立思考和判断，摆脱对社会和他人的依赖。因此，思想政治教育应提供理论支持和指导，帮助大学生在思想上实现自我发展。

4. 思想政治教育是建设创新型国家的精神保证

国家要进步，社会要发展，就必须增强本国的自主创新能力，创新能力是衡量一个国家综合国力的核心，是一切发展变革的源泉。创新型人才要求具备创新精神，能够进行创造性实践活动，大学生是创新型人才培养的后备力量，培养大学生的创新精神十分必要，而培养大学生的创新精神正是高校思想政治教育的重要目标。创新是一项艰巨的任务，在创新的道路上必然有各种艰难险阻，这就需要大学生具备丰富的专业知识，以及不怕困难、执着追求、乐于奉献的创新精神，只有这样才能保证大学生顺利进行创新性实践活动。所以说，思想政治教育为建设创新型国家提供精神保证。

第二节 环境类专业中思政教育的意义与价值

一、环境类专业学生的思想特点与需求

（一）环境类专业学生的思想特点

1. 对环境问题的敏感性

环境类专业学生作为环境保护领域的从业者或研究者，通常对环境问题具有高度的敏感性。他们通过专业学习和实践经验，深刻认识到环境变化和污染对人类生存和社会发展的巨大影响。这种敏感性不仅体现在他们对环境问题的感知上，更表现在他们对环境问题的深刻思考和反思上。他们会关注环境问题的根源、影响以及解决方案，并积极参与相关讨论和行动，致力于寻找环境保护的有效途径。

2. 责任感和使命感

环境类专业学生往往怀有较强的社会责任感和使命感。他们意识到环境问题的紧迫性和严重性，深知自己作为环境保护者的责任重大。因此，他们愿意承担推动环境保护事业发展的责任，希望通过自己的专业知识和实践经验，为保护地球家园、改善人类生存环境贡献一份力量。这种责任感和使命感激励着他们在环境保护领域不断前行，为实现可持续发展目标而奋斗。

3. 理论与实践相结合

环境类专业学生注重理论与实践相结合，具备较强的实践能力和创新意识。他们通过系统学习环境科学、生态学、环境工程等相关学科的理论知识，同时注

重培养实践技能和开展实地调研。他们不仅能够在理论上深入分析环境问题的成因和解决方案，还能将所学知识和技能运用到实际的环境监测、评估、治理等工作中。这种理论与实践相结合的能力培养，使他们在环境保护领域中具有较强的竞争力和应对能力，为解决现实环境问题提供了有力支撑。

（二）环境类专业学生的思想需求

1. 系统的思想政治教育

环境类专业学生需要接受系统的思想政治教育，以加强他们的环境保护意识和责任感。这种教育不仅要注重理论知识的传授，更要结合实际案例和行业发展趋势，引导学生深入了解环境问题的严重性和紧迫性，树立起对环境保护的坚定信念。通过系统的思想政治教育，学生能够更加清晰地认识到自己作为环境保护者的责任和使命，从而激发出更强烈的行动动力。

2. 深入了解社会主义核心价值观

环境类专业学生需要深入了解社会主义核心价值观，树立正确的人生观、世界观和价值观。这包括对社会主义核心价值观的内涵、历史渊源以及与环境保护事业的密切关系等方面的深入学习。通过对社会主义核心价值观的深入了解，学生能够更好地把握环境保护事业的时代主题和社会意义，形成积极向上的人生态度和价值取向。

3. 开放包容的思想氛围

环境类专业学生需要在开放包容的思想氛围中学习和成长，鼓励他们积极探索和创新。这种思想氛围应该以尊重个体差异、包容不同声音为基础，鼓励学生敢于提出新观点、挑战传统观念，勇于尝试创新方法和解决方案。通过开放包容的思想氛围，学生能够更好地发挥个人潜能，培养创新精神和实践能力，为解决环境问题提供更多元化的思路和方案。

二、思政教育与环境类专业学科素养的结合

（一）思政教育引导学生深入理解环境问题的政治意义

1. 认识环境问题的社会背景

（1）环境问题与社会经济发展的关系

思政教育引导学生认识到环境问题与社会经济发展密切相关。随着经济的快速增长和工业化进程的加快，环境污染、资源枯竭等问题日益突出。学生需要深

入了解到，环境问题的产生与不合理的生产方式、消费模式密切相关，经济发展中的一些盲目追求经济增长、忽视环境保护的做法已经带来了严重的环境后果。

（2）环境问题与政治体制的关系

思政教育还应引导学生认识到环境问题与政治体制之间的相互作用。在政治体制相对封闭、信息不透明的情况下，环境问题容易被忽视，相关部门的监管和治理效果受到限制。学生需要认识到，建立健全的环境治理体系和法律法规是解决环境问题的关键，而这需要政治体制的改革和民主监督。

（3）环境问题与文化传统的关系

思政教育还应引导学生思考环境问题与文化传统之间的关系。一些不良的文化传统和观念，如片面追求物质利益、浪费资源、对环境的漠视等，也是导致环境问题的重要原因之一。学生需要认识到，树立正确的环保文化观念，弘扬勤俭节约、尊重自然的传统美德，对于促进环境保护具有重要意义。

2. 学习社会主义核心价值观

（1）环境保护是社会主义建设的重要内容之一

思政教育引导学生学习社会主义核心价值观，使他们认识到环境保护是社会主义建设的重要内容之一。社会主义核心价值观强调人与自然的和谐共生，提倡尊重自然、保护环境，学生通过学习社会主义核心价值观，能够更好地理解环境问题的政治意义和社会价值，增强环境保护的紧迫性和重要性。

（2）树立正确的环境保护观念和理念

思政教育引导学生树立正确的环境保护观念和理念，使他们认识到环境保护是全社会的责任和义务。学生需要深刻理解环境保护不仅是政府和环保部门的责任，更是每个公民的责任，积极履行环保的社会责任，共同建设美丽家园。

3. 培养学生的社会责任感和使命感

（1）认识到环境问题对人类生存和社会稳定的重要影响

思政教育通过引导学生深入理解环境问题的政治意义，培养他们的社会责任感和使命感。学生需要认识到环境问题不仅是一种资源浪费和经济损失，更是对人类生存和社会稳定构成严重威胁的重大问题。作为环境保护者，他们应当具备为环境保护事业奋斗的责任感和使命感，积极投身到环境保护的行动中去。

（2）积极参与到环境保护实践中去

思政教育还应引导学生积极参与到环境保护实践中去，通过实际行动践行社会责任和使命。学生需要认识到，只有通过实际行动，才能真正推动环境保护事业向前发展。他们可以通过志愿活动、科研项目、社会实践等多种途径，积极参与到环保实践中去，为构建美丽中国和可持续发展贡献自己的力量。

（二）思政教育培养学生的综合素质和批判思维能力

1. 培养注重综合素质

（1）培养科学素养

思政教育注重培养学生的科学素养，使他们具备扎实的自然科学基础知识。在环境类专业学科中，学生需要掌握物理、化学、生物等多个学科的基本理论和方法，以便深入理解环境问题的本质和机理，为环境保护提供科学支撑。

（2）培养人文素养

除了科学素养，思政教育还要注重培养学生的人文素养。环境类专业学科需要学生具备较强的人文素养，包括对历史、文化、伦理等方面的了解和尊重。这有助于学生更加全面地认识环境问题，从人文角度思考环境保护的重要性和意义。

（3）培养社会责任感

思政教育还注重培养学生的社会责任感，使他们认识到作为环境保护者的责任和使命。学生需要意识到环境问题对整个社会的影响，应当为环境保护事业作出积极的贡献，履行自己的社会责任和义务。

2. 提升批判思维能力

（1）学习马克思主义基本原理

思政教育通过学习马克思主义基本原理，提高学生的理论水平和批判思维能力。学生需要掌握马克思主义哲学、政治经济学等基本理论，运用马克思主义的辩证唯物主义和历史唯物主义分析环境问题，培养他们的辩证思维和批判精神。

（2）分析环境问题的本质和原因

在环境类专业学科中，学生需要具备分析问题和解决问题的能力。思政教育引导学生通过批判性思维分析环境问题的本质和原因，深入挖掘环境问题背后的社会、经济、政治等方面的根源，为有效解决环境问题提供理论支持。

3. 强化实践能力的培养

（1）参与实践项目和社会调研

通过实践项目和社会调研，学生能够深入了解环境问题的现状、原因和解决方案，同时也能够将所学的理论知识转化为实际行动，促进环境保护实践的深入开展。

第一，参与实践项目是学生锻炼实践能力和团队合作精神的有效途径。在实践项目中，学生需要深入实地调研，收集环境数据，分析问题，制定解决方案，并与团队成员合作完成任务。例如，可以组织环境调查活动，了解当地的环境污染情况和生态系统状况，或者参与环境保护工程，积极参与植树造林、湿地恢复等实践活动。通过实践项目，能够增强学生解决实际问题的能力，培养实践操作技能，提升团队协作和沟通能力。

第二，参与社会调研是学生深入了解社会环境问题、掌握前沿科技和政策动态的重要途径。通过社会调研，学生可以了解环境政策的最新变化、环境科技的最新进展、社会公众对环境问题的关注度等情况，为制定环境保护策略和方案提供科学依据。例如，可以开展问卷调查、访谈调研等活动，了解公众对环境问题的态度和看法，探索社会各界对环境保护的参与方式和支持力度。通过社会调研，学生能够拓宽视野、增长见识，提升综合素质和社会影响力。

（2）提升创新能力

在当今社会，环境问题日益凸显，需要不断创新的解决方案来应对挑战。因此，思政教育在培养学生创新能力方面发挥着至关重要的作用。创新能力不仅是学生个人发展的需要，也是推动环境保护事业不断向前发展的关键因素。

第一，思政教育引导学生从多方面思考和解决环境问题。环境保护工作本质上是一个复杂的系统工程，需要综合运用自然科学、社会科学、工程技术等多方面的知识和技能。因此，思政教育应该引导学生跳出学科的限制，从多学科、跨学科的视角来思考和解决环境问题，鼓励他们开展交叉学科的研究和合作，提出创新性的解决方案。

第二，思政教育激发学生的创新意识和创新精神。创新能力的培养需要从心态和态度上进行引导和培养。思政教育应该引导学生敢于挑战传统观念和思维定式，鼓励他们敢于尝试、勇于创新，培养他们的创新意识和创新精神。同时，思政教育还应该为学生提供创新的思维方法和技巧，引导他们运用系统性思维、设计思维等方法来解决实际的环境问题，提高创新能力。

第三，思政教育提供创新环境和平台。学校和社会应该为学生提供开展创新活动的平台和资源支持，鼓励他们参与科研项目、创业竞赛、创新实践等活动，提升创新能力。同时，思政教育还应该营造积极向上的创新氛围，激发学生的创新热情和活力，为他们的创新成果提供展示和交流的机会，促进学生之间的交流与合作，推动环境保护工作的创新发展。

三、思政教育对环境类专业学生综合素质的提升

（一）思政教育促进环境类专业学生的社会责任感和使命感

1. 深化对环境问题的认识

通过思政教育的引导和学习，学生不仅能够加深对环境问题的认识，而且能够深刻理解环境保护事业的重要性，进而激发他们的社会责任感和使命感，从而为环境保护事业贡献自己的力量。

第一，思政教育应该引导学生深入了解环境问题的本质和原因。环境问题的复杂性不仅仅是一个表面现象，背后还涉及社会经济发展、人类生活方式、资源利用方式等诸多因素。因此，思政教育应该引导学生跳出片面的认知，从多方面、全面系统地了解环境问题，理解其深层次的原因和内在机制，使学生对环境问题有一个系统和全面的认识。

第二，思政教育应该引导学生认识到环境问题对人类生存和社会发展的巨大影响。随着经济全球化和城市化进程的加快，环境问题日益突出，对人类社会的稳定和可持续发展构成严重挑战。因此，思政教育应该引导学生认识到环境问题不仅仅是一种自然现象，更是一种社会问题，是人类自身发展方式和生活方式的反映，需要每个人的关注和努力。

第三，思政教育应该引导学生树立正确的环境保护观念和价值取向。环境保护事业是一个关乎全人类未来的伟大事业，需要每个人都能够为之奋斗。因此，思政教育应该引导学生树立正确的环境保护观念，认识到保护环境是每个公民的责任和义务，是对自己、对后代子孙的负责，从而形成保护环境、珍爱地球的正确价值取向。

2. 学习社会主义核心价值观

思政教育作为社会主义核心价值观的主要传播者和实施者之一，在环境保护领域发挥着重要作用。通过学习社会主义核心价值观，环境类专业学生能够更深刻地认识到环境保护事业的重要性，树立正确的人生观、世界观和价值观，增强为环境保护事业奋斗的信心和决心。

第一，学习社会主义核心价值观有助于学生认识到环境保护是社会主义建设的重要内容之一。社会主义核心价值观强调绿色发展、生态文明建设，将环境保

护纳入了国家发展战略的重要议程之中。学生通过学习社会主义核心价值观，能够深刻理解到环境保护与社会主义建设密不可分，是实现社会全面发展、人民幸福生活的重要保障之一。

第二，学习社会主义核心价值观有助于学生树立正确的环境保护观念和价值取向。社会主义核心价值观强调人与自然的和谐共生，提倡尊重自然、珍爱生命、保护环境的理念。学生通过学习社会主义核心价值观，能够树立正确的环境保护观念，认识到保护环境是每个公民的责任和义务，从而形成珍惜自然、崇尚生态、追求可持续发展的正确价值取向。

第三，学习社会主义核心价值观有助于增强学生为环境保护事业奋斗的信心和决心。社会主义核心价值观强调爱国、敬业、诚信、友善等优良品德，要求每个公民都积极为社会和人民作出贡献。学生通过学习社会主义核心价值观，能够深刻领悟到环境保护事业的重要意义，增强对环境保护的使命感和责任感，进而坚定为环境保护事业奋斗的信心和决心。

3. 培养自觉参与环保实践的意识

学生在参与各种环保实践活动的过程中，不仅能够深刻体会到环保工作的重要性和紧迫性，还能够锻炼自己的实践能力和创新精神，增强了他们的责任感和使命感。

第一，思政教育通过宣传教育，引导学生深刻认识到环保实践对于社会发展和人类生存的重要性。学生通过学习相关理论知识和案例分析，了解到环境问题的严重性以及环保实践对于改善环境、保护生态的积极意义。这种认识不仅加深了学生对环保事业的理解，也激发了他们积极参与环保实践的愿望和决心。

第二，思政教育通过组织实践活动，为学生提供了参与环保实践的平台和机会。学生通过参与各种环保实践活动，如义务植树、环境保护宣传、垃圾分类等，亲身体验到环保实践的意义和价值。他们通过亲自动手、亲自实践，深刻感受到自己的参与可以改变环境，这种体验不仅增强了他们的环保意识，也激发了他们的参与欲望。

第三，思政教育通过激励引导，增强了学生参与环保实践的内在动力。学校和社会对于积极参与环保实践的学生给予了充分肯定和奖励，这不仅激发了学生参与环保实践的热情，也增强了他们的责任感和使命感。学生意识到自己的行为不仅是为了个人利益，更是为了社会的福祉和未来世代的生存，因此愿意为环保事业奋斗终身。

（二）思政教育提升环境类专业学生的团队合作能力与创新能力

1. 加强团队合作意识的培养

思政教育应加强对环境类专业学生的团队合作意识培养，使他们能够充分认识到在环境保护领域，团队合作是不可或缺的。学生通过参与团队项目和实践活动，学会了倾听他人意见、协调矛盾、共同努力的重要性。例如，通过开展环保项目或研究，学生需要分工合作、共同商讨解决方案，这样的实践促进了学生之间的交流与合作，培养了团队合作的能力。

2. 激发创新意识和能力

思政教育着力激发学生的创新意识和能力，使他们具备在环境保护领域进行创新的能力。学生通过学习先进文化和科技知识，了解到创新对环境保护的重要意义。思政教育鼓励学生勇于尝试新思想、新方法，培养了勇于创新、勇于实践的精神，增强了他们的创新能力。例如，学生可以通过开展科研项目或参与创新竞赛等活动，提出新颖的环保方案或解决方案，从而促进了学生创新能力的发展。

3. 提升解决问题的能力

思政教育注重提升学生解决问题的能力，使他们能够独立分析和解决环境问题。学生通过系统学习环境科学知识、社会科学知识和工程技术知识，掌握了解决环境问题的理论和方法。思政教育引导学生在实践中思考问题、探索解决方案，培养了其解决实际问题的能力。例如，学生可以在实践中面对各种环境问题，通过分析、调研、实验等方法，提出并实施解决方案，从而锻炼了他们解决问题的能力。

第三节　思政教育与环境类专业人才培养的结合方式

一、思政教育与专业课程的融合

（一）在专业课程中渗透思政教育内容

1. 融入环境保护理念的专业课程设计

（1）环境政策与管理课程

这门课程可以涵盖环境法律法规、政策制定与实施、环境管理体系等内容。在教学过程中，可以引导学生分析环境政策对环境保护工作的指导作用，以及环境政策与社会发展、经济增长之间的关系。通过深入探讨环境政策的制定背景、执行效果和社会影响，引导学生认识到环境保护是国家发展战略的重要组成部分，培养他们的国家意识和社会责任感。

（2）生态学原理课程

这门课程可以介绍生物、地球和环境相互作用的基本原理，涵盖生态系统的结构与功能、生物多样性、生态平衡及生态系统的稳定性等内容。在教学过程中，可以引导学生理解生态学原理与环境保护的密切关系，探讨人类活动对生态系统的影响及其对环境的可持续发展的挑战。通过案例分析和实地考察，加深学生对生态环境脆弱性和生态保护的认识，培养他们的环境意识和生态伦理观念。

（3）环境监测与评价课程

这门课程可以介绍环境监测技术、方法和标准，以及环境评价的基本理论和实践。在教学过程中，可以引导学生了解环境监测和评价在环境保护中的作用和意义，分析环境问题的识别、评估和解决方法。通过实验操作和案例研究，培养学生的实践能力和解决问题的能力，使他们能够运用所学知识和技能参与环境保护实践。

2. 专业课程中的案例教学与讨论

（1）设计典型案例教学

教师可以精心设计一些环境保护领域的典型案例，涵盖环境污染、生态破坏、资源浪费等方面的问题。通过引导学生分析案例、探讨问题、提出解决方案，促进学生对环境问题的深入理解和思考。例如，可以以某个地区的环境污染事件为案例，让学生分析其原因、影响及解决措施，从而引发他们对环境保护的思考和行动。

（2）开展案例讨论与互动

在课堂教学中，可以安排一定的时间进行案例讨论和互动环节。教师可以根据学生的学习情况和兴趣，选择具有代表性和现实意义的案例，组织学生进行小组讨论或全班讨论，促进学生之间的交流和思想碰撞。通过开展案例讨论，可以激发学生的学习兴趣，提高他们的学习参与度和思考能力。

（二）引导学生开展科研与实践项目

通过专业课程的设计，可以引导学生参与环境保护领域的科研与实践项目，从而加深他们对专业知识的理解和应用。学生可以在导师的指导下开展科研课题或参与社会实践项目，通过实际操作和实践经验，深入了解环境问题的本质和解决方法，培养他们的实践能力和创新意识，促进思政教育目标的达成。

1. 创新课程设置，增设思政教育模块

在环境类专业的课程设计中，可以设置创新课程，增设专门的思政教育模块。这些模块可以融入社会主义核心价值观、环境伦理、社会责任等内容，旨在引导学生在学习专业知识的同时，加强对思想政治理论的学习与理解。例如，可以设置"环境伦理与社会责任""社会主义核心价值观与环境保护"等专题课程，通过系统讲授和讨论，引导学生认识到环境保护与社会主义建设的密切关系，培养他们的思想道德素养和社会责任感。

2. 注重案例教学和讨论课程

在专业课程的教学过程中，应注重引导学生参与案例分析和讨论课程。通过对具体案例的分析与讨论，可以使学生更加深入地理解环境问题与思想政治理论之间的联系。例如，可以选取国内外环境保护案例，让学生分析其中的政治、经济、社会因素，探讨解决方案，并结合社会主义核心价值观和环境保护理念进行评价和思考。这种案例教学和讨论课程的设置，有助于培养学生的批判性思维和综合分析能力，促进他们的思想政治教育目标的达成。

3. 采用跨学科教学方法

为了更好地实现思政教育与专业课程的有机结合，可以采用跨学科教学方法。学校可以组织跨学科的教学团队，由思政教育教师和环境专业教师共同承担课程教学任务。在教学过程中，思政教育教师负责引导学生学习思想政治理论，环境专业教师则负责传授专业知识和技能。通过跨学科合作，将思政教育内容有机融入到专业课程之中，使学生在学习专业知识的同时，增强思想政治教育的影响力和感染力。

（三）借助专业课程促进思政教育目标的达成

1. 引导学生参与环保实践项目

在专业课程的教学过程中，积极引导学生参与环保实践项目是实现思政教育目标的重要途径之一。通过组织学生参与各类环保实践活动，如环保志愿服务、社会调研、科研项目等，可以使学生将所学的理论知识应用于实际环境保护工作中，增强他们的环保意识和社会责任感。例如，在环境工程设计课程中，可以组织学生开展环保设计方案，并将其应用于实际环境治理项目中，让学生亲身体验

专业知识的实际应用价值，从而深化对环境问题的认识，培养他们的实践能力和社会责任感。

2. 加强个性化指导，培养学生的创新精神

在专业课程的教学中，注重对学生的个性化指导，是实现思政教育目标的重要举措之一。教师可以通过与学生的面对面交流、小组讨论等方式，了解每位学生的学习兴趣、特长和潜能，有针对性地开展教学指导工作，引导学生积极参与创新实践活动。例如，在环境保护技术课程中，可以鼓励学生开展环保技术创新项目，提出解决环保难题的新思路和新方法，培养他们的创新精神和实践能力。通过个性化指导，激发学生的学习热情和创新潜力，促进思政教育目标的有效实现。

3. 开展综合实践教学活动

为了全面推进思政教育目标的达成，可以开展综合实践教学活动。这些活动旨在通过实践项目的组织和实施，让学生在实践中全面运用所学的知识和技能，培养他们的实践能力、创新意识和团队合作精神。例如，在环境管理与规划课程中，可以组织学生开展环境规划项目，通过实地考察、调研和设计，解决实际环境问题，培养学生解决问题的能力和创新精神。通过综合实践教学活动，可以使学生全面提升综合素质，使思政教育的目标全面达成。

二、思政教育与实践教学的结合

（一）开展环境保护实践活动

1. 组织大型义务植树活动

第一，大型义务植树活动的组织需要有系统性和长期性。学校可以制定长期的植树计划，并将其纳入校园环境建设的长远规划中。通过设立专门的组织机构或部门负责统筹植树活动的组织和管理工作，确保活动的顺利进行和效果的持续性。同时，学校还可以与政府部门、环保组织、企业等建立合作关系，共同参与植树活动，扩大活动的影响力和覆盖范围。

第二，大型义务植树活动的实施需要注重科学性和可持续性。在选择植树地点和树种时，应充分考虑生态环境和气候条件，选择适合当地生长的树种，确保植树活动的科学性和成活率。同时，还应制定详细的植树方案和操作流程，确保每一棵树都能够得到合理的栽植和管理，实现植树活动可持续发展的目标。

第三，大型义务植树活动的组织与实施还需要重视宣传和教育工作。学校可以通过各种渠道，如校园广播、校报校刊、社交媒体等，进行植树活动的宣传，吸引更多学生和社会各界人士参与其中。同时，还可以开展植树知识的宣传教育活动，提高学生对植树事业的认识和重视程度，激发他们参与植树活动的热情和积极性。

第四，大型义务植树活动的组织与实施还要注重效果评估和反馈。学校可以建立完善的植树活动评估体系，对活动的组织、实施和效果进行全面、系统地评估和分析，及时发现问题并采取有效措施加以解决，不断提升活动的质量和水平。同时，还应鼓励学生参与评估工作，让他们分享自己的植树体验和感受，增强对植树活动的认同感和归属感，进一步推动植树事业的深入开展和持续发展。

2. 进行环境调研和监测

第一，环境调研和监测活动需要有明确的目标和任务。学校可以根据不同的环境问题和研究方向确定具体的调研和监测任务，如水质监测、空气质量调查、生态系统评估等。同时，还需要明确调研的范围和方法，确定调研的时间、地点和对象，确保调研工作的系统性和科学性。

第二，环境调研和监测活动需要具备一定的技术和方法支持。学校可以邀请相关领域的专家学者或从事环境监测工作的专业人士指导学生进行调研和监测工作，传授调研和监测的基本理论和方法，提供必要的技术支持和设备设施，确保调研和监测工作的准确性和可靠性。

第三，环境调研和监测活动需要注重实践操作和数据分析。学校可以组织学生参与实地调研和监测活动，让他们亲身体验和参与环境监测和数据采集的全过程。通过实践操作，学生可以掌握环境监测仪器的使用方法和操作技巧，学习数据采集和处理的基本技能，培养分析数据和解决问题的能力。

第四，环境调研和监测活动需要注重成果应用和宣传推广。学校可以组织学生对调研和监测的结果进行分析和总结，撰写调研报告或科研论文，向社会公众和相关部门提供科学依据和政策建议，推动环境保护工作的开展和改善。同时，还可以通过展览、报告会、媒体宣传等方式，将调研成果向社会公众和学校师生进行宣传推广，增强师生的环境保护意识和参与热情。

3. 参与垃圾分类和环保公益活动

第一，垃圾分类是当前环保领域的一项重要举措，也是每个人应该积极参与的行动。学生通过参与垃圾分类活动，可以深刻认识到垃圾分类对环境保护的重要性。他们将亲身体验到正确分类垃圾对减少资源浪费、降低环境污染的积极作用，从而养成良好的环保习惯和行为。此外，垃圾分类活动还可以促进学生对环境污染问题的深入思考，激发他们关注环境、热爱自然的情感，培养他们保护环境的意识和能力。

第二，参与环保公益活动是学生实践社会责任的重要途径。学校可以组织学生参与各种环保公益活动，如志愿者清洁河道、环保知识宣传等。通过实际行动，学生可以感受到环保活动对改善生活环境、保护生态平衡的积极影响，从而增强他们的社会责任感和使命感。参与环保公益活动还可以培养学生的团队合作精神和领导能力，提升其组织协调和沟通能力，促进其全面发展和成长。

第三，参与垃圾分类和环保公益活动还可以促进学生与社会的互动与交流。学生通过参与环保活动，可以与社会各界人士、环保专家和志愿者等进行交流和合作，拓展自己的人际关系网络，增强社会适应能力和交往能力。同时，学生还可以通过环保活动了解社会的发展需求和环保政策，积极参与社会实践，为推动环境保护事业的发展贡献自己的力量。

（二）组织社会实践活动

1. 参观环保企业和科研机构

第一，参观环保企业可以让学生近距离了解环保产业的现状。他们可以了解到各类环保企业的运营模式、技术设备以及环保产品的研发与生产过程。通过参观企业，学生可以直观地感受到环保技术在实际生产中的应用情况，了解环保产业的市场需求和发展前景。同时，学生还可以与企业管理者、技术专家进行交流，了解企业发展的挑战与机遇，激发他们对环保产业创新与发展的兴趣。

第二，参观环保科研机构可以为学生提供前沿科技和创新的视角。学生可以了解到环保领域的最新研究成果、科技创新方向以及相关技术的应用前景。通过与科研人员的互动和交流，学生可以深入了解科研工作的方法和流程，启发他们的创新思维和科学精神。这样的参观活动还可以为学生提供选择科研方向、寻找科研合作伙伴的机会，为他们未来的学术研究和职业发展打下坚实的基础。

第三，参观环保企业和科研机构还可以拓宽学生的职业视野和人脉网络。学生可以通过参观了解不同类型企业的运营管理模式和发展策略，为他们未来的职业规划提供参考。同时，学生还可以与企业和科研机构的工作人员建立联系，拓展自己的人脉资源，为将来的实习、就业或合作奠定基础。

2. 参与环保公益活动和志愿服务

通过这样的活动，学生不仅可以贡献自己的力量、保护和改善环境，还能够在实践中提升自己的能力和素质，培养良好的公民意识和社会责任感。

第一，参与环保公益活动和志愿服务可以增强学生的环保意识和责任感。通过亲身参与环境保护活动，例如，清洁环境、植树造林、环保宣传等，学生能够直观地感受到环境问题的严重性以及自己的行动对环境的影响。这样的参与不仅可以唤起学生对环保的关注和重视，还可以培养他们对环保事业的责任感和担当精神。

第二，参与志愿服务可以锻炼学生的实践能力和团队合作精神。在环保志愿服务活动中，学生需要克服各种困难和挑战，积极投入到活动中，共同完成任务。这样的活动不仅可以提升学生的组织协调能力和执行力，还可以培养他们的团队合作精神和沟通能力，在实践中锻炼自己，提升综合素质。

第三，参与环保公益活动和志愿服务还可以促进学生的个人成长和社会责任感。通过参与志愿服务，学生能够感受到帮助他人、服务社会的快乐和满足感，培养出乐于助人、乐于奉献的品质。这样的活动也有助于学生树立正确的人生观和价值观，培养出健康向上的人格品质，成为具有社会责任感和使命感的新时代公民。

（三）加强实践教学的思政引导

1. 引导学生进行实践活动的反思和总结

在学生参与实践活动后，学校可以组织开展反思和总结的活动，引导学生对实践经验进行深入思考和总结。这个过程可以通过以下几个步骤进行：

（1）反思环节

学生在参与实践活动后，首先需要进行反思，回顾整个活动的过程和自己的参与感受。这一环节的目的在于让学生思考自己在活动中扮演的角色，以及他们对环境问题的认识和态度是否有所改变。在反思环节中，可以采取以下方式：

①个人反思

学生可以通过书面或口头的方式，记录下自己在实践活动中的所见所闻、所思所感。他们可以回答一些问题，例如，自己在活动中做了什么、遇到了什么困难、对环境问题有了什么新的认识等。

②小组分享

将学生分成小组，让他们互相分享在实践活动中的体验和感受。这样可以促进学生之间的交流和互动，从不同的角度了解同一活动的多样性。

③导师指导

导师可以对学生的反思内容进行指导和引导，帮助他们深入思考，并从中发现潜在的问题和挑战。

（2）总结经验

在完成反思之后，学生需要对实践活动中的经验进行总结，包括问题、解决方法以及取得的成果。这一环节的目的在于让学生通过总结经验，发现活动中的成功因素和改进空间，为今后的实践活动提供借鉴和指导。在总结经验的过程中，可以采取以下方式：

①问题梳理

学生可以列举在实践活动中遇到的问题，分析其成因和影响。这些问题可以涉及组织安排、团队合作、资源调配等方面。

②解决方法

学生需要总结自己采取的解决方法，并评估其效果。他们可以思考在类似情况下是否有更好的解决方案，以及如何提高解决问题的效率和质量。

③成果评估

学生应该客观评价实践活动的成果，包括达到的目标、取得的收获以及对环境问题的影响。他们可以思考自己在活动中发挥的作用，以及对团队和社区的贡献。

（3）提出建议

学生需要根据总结的经验，提出对未来实践活动的改进建议和规划，为下一步的实践活动提供参考和指导。这一环节的目的在于让学生通过分析问题和总结经验，提出切实可行的改进措施，从而不断提升实践活动的效果和影响力。在提出建议的过程中，可以采取以下方式：

①问题分析

学生可以针对总结的问题，提出解决方案和改进措施。这些建议可以涉及活动组织、执行方式、团队合作等方面。

②规划设计

学生可以对未来的实践活动进行规划设计，包括目标设定、资源调配、时间安排等。他们可以思考如何更好地组织和管理活动，以及如何提高活动的效率和质量。

③评估机制

学生还可以提出对实践活动进行评估和监控的机制，以确保活动的顺利进行和达到预期的效果。这些评估机制可以包括定期组织评估会议、制定评估指标、收集反馈意见等。

2. 开展讨论与交流，引导学生思考环境问题的政治意义

学校可以组织学生开展讨论与交流活动，引导他们思考环境问题的政治意义和社会责任。这个过程可以包括以下内容：

（1）主题讨论与问题分析

学校组织学生开展主题讨论，将环境问题作为焦点，从多角度探讨其政治意义。例如，讨论环境污染对社会稳定的影响、政府在环境治理中的责任与作用、环境保护与经济发展的平衡等。学生可以结合课程学习和实践经验，就不同的环境问题进行深入分析，并提出解决方案。

在讨论中，可以引导学生思考环境问题的政治意义，如环境问题与政府治理能力的关系、环境保护与社会公平的关联等。通过讨论，学生能够理解环境问题不仅是技术或经济层面的挑战，更是一种政治与社会制度的问题，这有助于提高他们的政治敏锐性和社会责任感。

（2）专家交流与经验分享

学校可以邀请环保领域的专家学者参与讨论活动，分享他们的研究成果和经验，与学生进行深入交流。专家可以介绍环境政策、环境科学研究成果以及环保实践经验，与学生分享实际案例和成功经验。

通过与专家的交流，学生可以了解到环境问题的复杂性和紧迫性，同时也可以获取最新的环保技术和治理方法。专家的分享不仅可以激发学生对环保事业的兴趣，还可以帮助他们更加深入地理解环境问题的政治意义和社会影响。

（3）思政教育课程的整合与拓展

学校将环保问题作为思政教育课程的重要内容，通过专题讲座、小组讨论等形式，引导学生从思想政治的角度思考环境问题。教师可以结合马克思主义、社会主义核心价值观等理论，分析环境问题与社会制度、政治体制、文化传统之间的关系。

思政教育课程的整合与拓展，可以使学生在学习环境科学知识的同时，增强其对环境问题的政治敏锐性和社会责任感。通过理论学习与实践相结合，学生能够更好地认识到环境问题的政治意义，为未来的环保实践和社会发展提供理论支持和人才保障。

3. 鼓励学生积极参与社会实践和公益活动：

学校应该鼓励学生积极参与社会实践和公益活动，并对其进行表彰和奖励。这个过程可以包括以下几个环节：

（1）组织活动与丰富形式

学校可以通过学生社团、志愿者组织等平台，组织各种形式的社会实践和公益活动，为学生提供参与机会。活动可以涉及环境保护、扶贫帮困、文化传承等多个领域，让学生根据自己的兴趣和专业特长选择参与项目。

在活动组织上，学校可以注重多样性和创新性，开展形式多样的活动，如户外拓展、环保讲座、义卖义演等，以满足学生的不同需求和兴趣。同时，可以根据学生的实际情况，灵活安排活动的时间和地点，提高学生的参与度和积极性。

（2）表彰奖励与激励机制

学校可以建立健全的表彰奖励机制，对积极参与活动并取得成绩的学生进行表彰和奖励。奖励可以包括荣誉称号、奖学金、证书等形式，以及提供参加学术会议、实践交流等活动的机会。

通过表彰奖励，可以激励更多的学生积极参与社会实践和公益活动，增强他们的社会责任感和使命感。同时，也可以提高学生的参与积极性，形成良好的社会风气和学习氛围。

（3）经验分享与成果展示

学校可以鼓励学生将自己的实践经验和感悟分享给其他同学，以此激励更多的人参与到环保活动中去。分享可以通过线上平台、学术报告、社交媒体等多种形式进行，让更多的人了解环保活动的意义和价值。

此外，学校还可以组织学生参加展示活动，展示他们在环保实践和公益活动中取得的成果和影响。通过展示活动，可以进一步激发学生的参与热情，推动环保事业的深入发展。

三、思政教育与校园文化建设的整合

（一）打造积极向上的校园文化氛围

1. 举办多样化的思政教育活动

在校园文化建设中，学校可以组织丰富多彩的思政教育活动，以激发学生的思想活力和创造力。这些活动可以包括主题讲座、座谈会、研讨会等，涵盖了政治、经济、文化、社会等各个方面的内容，旨在引导学生深入思考时事热点、社会问题，提升他们的综合素质和批判思维能力。通过开展这些活动，学校可以营造积极向上、富有活力的校园文化氛围，为学生的思政教育提供广阔的平台和丰富的资源。

2. 建设专门的思政教育基地

为了更好地开展思政教育工作，学校可以建设专门的思政教育基地，提供良好的学习和交流环境。这些基地可以是图书馆、学生活动中心、思政教育实验室等场所，同时配备先进的设施和设备，为学生提供学习、讨论、交流的空间。通过定期举办各类思政活动、展览、讲座等，这些基地将成为学生进行思想政治学习和交流的重要场所，有助于营造积极向上的校园文化氛围。

3. 引导学生参与志愿服务活动

志愿服务是培养学生社会责任感和使命感的重要途径之一。学校可以通过组织各类志愿服务活动，引导学生积极参与社会公益事业，关注环境保护、扶贫助困、文化传承等方面的工作。这些志愿服务活动既能丰富学生的课余生活，增强他们的社会实践能力，又能促进学生的思想政治教育，使他们树立正确的人生观、世界观和价值观。

（二）借助校园文化平台加强思政教育宣传

1. 利用校园广播、校报校刊等宣传媒介

校园广播、校报校刊等校园媒体是传播思政教育内容的重要平台。学校可以充分利用这些媒体资源，开设专栏、栏目，报道思政教育活动和成果，宣传典型案例和先进事迹，推介优秀学习经验和方法，以此激励和引导学生树立正确的思想政治观念，增强他们的思想政治素养。

2. 建立线上线下结合的宣传模式

随着信息技术的发展，学校可以借助互联网和新媒体平台，开展线上思政教育宣传工作。可以建立校园微博、微信公众号等官方账号，发布思政教育相关内容，开设在线直播、讨论、答疑等活动，吸引学生参与，拓展宣传渠道，提升宣传效果。同时，还可以利用校园广场、展览馆等线下场所，开展主题展览、宣传活动，丰富学生的思政教育体验，增强宣传的震撼力和感染力。

3.建立互动交流平台，促进思政教育成果分享

学校可以建立专门的互动交流平台，为学生提供交流和分享的机会。可以开设线上论坛、博客、讨论组等平台，鼓励学生分享自己的学习体会、思想感悟和心得体会，促进学生之间的交流和互动。通过这种方式，可以增强学生的思政教育参与度和获得感，激发学生的思想政治积极性和创造性，形成校园文化建设与思政教育相辅相成、相得益彰的良好局面。

四、典型教学案例分析

在"矿山环境工程"课程的教学设计中，将"全力打赢矿区生态环境综合治理攻坚战"作为核心思政元素，同时以"勇于拼搏、积极探索、刻苦奋斗的民族精神，实事求是、科学严谨的工作态度及民族自豪感等"作为辅助思政元素，明确了课程思政融入与实现路线。重塑课程教学目标，有助于学生树立科学的环境观、发展观和生态观，有助于培养适应新时期煤炭类行业发展需求的高素质人才。

（一）课程核心与辅助思政元素体系的挖掘

1.以"全力打赢矿区生态环境综合治理攻坚战"为课程核心思政元素

矿山大气、水体污染防治与矿山土地复垦是"全力打赢矿区生态环境综合治理攻坚战"的三大主战场，与"矿山环境工程"诸多课程章节内容相符，是核心思政元素深度挖掘潜在切入点。例如：第二章介绍露天矿大气污染的防治内容，可以将我国典型露天矿区主要大气污染物浓度时空分布及主要影响因素作为课堂案例，引导学生深入分析露天矿区典型大气污染物时空迁移特征及驱动原因，进一步向学生介绍国家在矿区大气污染防治方面所做的努力，如"蓝天保卫战""大气十条"等；第三章矿山废水污染与防治方面，可以结合我国典型矿山废水污染防治工程案例，如铜陵铜矿废水处理实例、神华神东煤矿区矿井水污染防治典型案例，通过案例一方面让学生了解国家矿区水污染的严重性、进行矿区废水治理的必要性及国家致力打好"碧水保卫战"的坚定决心及信心，也可以让环境类专业的学生熟知解决矿山环境问题的思维模式；对于矿山土地复垦也可以结合工程案例阐述，如百年煤城——贾汪采煤沉陷区综合治理工程，可让学生懂得我国在切实践行"两山理论"及打赢"净土保卫战"的坚定信念。因此，将"矿山环境工程"课程部分章节内容与"全力打赢矿区生态环境综合治理攻坚战"三大战役相结合，作为课程核心思政元素，符合环境专业学生培养要求，有利于学生树立

科学的环境观、发展观和生态观。"矿山环境工程"大部分课程章节内容都适合直接将"全力打赢矿区生态环境综合治理攻坚战"作为课程核心思政元素。

2. 以"勇于拼搏、积极探索、刻苦奋斗的民族精神，实事求是、科学严谨的工作态度及民族自豪感等"为课程辅助思政元素

"矿山环境工程"基础核心内容，如矿山大气污染物的化学转化、矿山机械设备噪声控制、影响矿内气温的主控因素、矿业发展循环经济的微观操作规则等基本理论，若将上述内容作为"全力打赢矿区生态环境综合治理攻坚战"的思政元素契合度不高，另亟待开发其他潜在思政元素。矿山大气污染物的化学转化部分，可以以硫化物在大气中的化学转化为例，引导学生解析矿山大气中硫化物的来源、迁移转化方式等，培养学生建立实事求是、科学严谨的工作态度；影响矿内气温的主控因素部分，可以结合教学内容，用科研人员进行井下温度监测调研作为案例，培养激发学生勇于拼搏、积极探索、刻苦奋斗的民族精神；矿山机械设备噪声控制部分，可从科学家在矿山设备降噪关键限制性问题上的入手，激起学生的民族自豪感；再如矿业发展循环经济的微观操作规则部分，可以以我国矿山循环经济发展历程为教学案例，从民族自豪感和民族精神方面进行引导。课程各章节内容适合挖掘辅助思政元素的对比分析及课堂教学案例（见表3-1）。

/	章节	课程内容	教学案例	思政元素挖掘
核心思政元素	绪论	采矿生产对环境影响	干旱矿区井工开采对土壤理化性质的影响	"两山"理念、"双碳"目标
	矿山大气污染防治	露天矿大气污染防治	典型露天矿区大气污染物浓度时空分布及影响因素	"大气十条""蓝天保卫战"
	矿山水体污染防治	矿山废水处理基本方法	铜陵铜矿废水处理实例、神东煤矿矿井水污染防治案例	"碧水保卫战""两山"理念
	矿山土地复垦	矿山土地复垦基本方法	百年煤城—贾汪采煤沉陷区综合治理工程	"两山"理念、"净土保卫战"
	矿山循环经济	矿山循环经济技术体系	铜陵有色集团矿山采选循环经济模式	"两山"理念、"双碳"目标、"净土保卫战"

/	章节	课程内容	教学案例	思政元素挖掘
辅助思政元素	矿山大气污染防治	矿山大气污染物化学转化	硫化物的化学转化	实事求是、科学严谨工作态度
	矿山热害及其防治	影响矿内气温主控因素	井下温度监测调研	勇于拼搏、积极探索、刻苦奋斗的民族精神
	矿山噪声污染防治	矿山机械设备噪声控制	设备降噪卡脖子问题	勇于拼搏、积极探索、艰苦奋斗民族精神、民族自豪感
	矿山循环经济	矿山循环经济技术体系	矿山循环经济发展历程	勇于拼搏、积极探索、艰苦奋斗民族精神、民族自豪感

表 3-1　"矿山环境工程"思政元素挖掘及教学案例

（二）课程思政元素的有机融入方式与育人路径

1. 教学方法的融合与交叉

高校环境类学生思政元素的融入是指高校教师将思政元素与课程内容有机结合，对高校环境类学生进行全面的思政教育和思想建设，包括思想观念、人生观、价值观和社会公德等。高校环境类专业学生思政元素融入的关键在于通过系统教学方法引导学生确立正确的思想政治观、价值观和人生观，培养他们成为高质量的环境专业人才。随着互联网信息等高新技术的发展与应用，煤炭行业高校环境类专业的思政教学应当通过传统思政教学方法与新兴技术相结合，以高效开展思政教育工作，持续完善思政教育体系，并不断优化思政教学方法，为创新思政教学模式注入新的活力。在实践教学中，教师需要预测未来高校中环境类专业学生的思政教育内容，深刻理解和洞察思想政治教育的传统文化内涵，并将思想政治教育融入环境专业的教学中。

2. 案例教学法

"矿山环境工程"课程充分利用环境保护科学技术与原理，解决矿山资源采掘引起的环境污染与破坏问题，然而对于大多数环境类学生而言，该课程要求学生具备一定的采矿工程方面的专业知识，而学生对采矿工程领域的知识接触较少，课程理解难度较大。

（1）案例引入与分析

以案例教学为主的课程思政元素融入方式，可帮助学生实现对煤炭资源开采—环境保护专业知识的融会贯通。如介绍绪论中采矿生产对环境影响章节内容时，可将祁连山非法采煤事件作为案例引入，播放相关视频呈现露天煤炭资源开采对高寒草原矿区水源涵养地局部生态环境的破坏，让学生身临其境地感受到煤炭资源开采对矿区生态环境的破坏。

随后通过部分权威媒体对祁连山非法采煤事件的报道及相关责任人的处罚情况展示，让学生意识到矿区生态环境污染治理与生态修复的必要性与紧迫性，树立专业认同感和使命感。

其次，介绍国家打击非法矿业资源开采及祁连山露天开采矿区生态治理巨额资金投入的决心，让学生理解"全力打赢矿区生态环境综合治理攻坚战"的生态文明建设思想。然后，让学生分组讨论如何才能使祁连山露天开采矿区被破坏的生态环境得到改善，引导和启发学生分析问题、解决问题，提升其创新能力。

最终通过系统介绍矿山大气、水体、噪声污染治理、矿区土地复垦的作用意义，激发起学生的学习兴趣。通过以案例教学法为主的课程思政元素融入方式，结合教师的适当引导，使学生接受思政教育，了解实际矿山生态修复过程中涉及的环境工程工艺方案、流程设施等内容，加深学生对专业知识的理解。将课程思政元素融入案例中，关键在于教师介入引导，核心在于学生主动思考，形成理论教学与课程思政教育协同效应。

（2）讨论与总结

①分组讨论与培养解决问题的能力

通过分组讨论祁连山露天开采矿区生态环境改善的方法和途径，可以引导学生主动思考并提出解决问题的方案。在这个过程中，学生不仅可以深化对矿山环境问题的理解，还能够培养其分析问题、解决问题及创新能力，从而达到知行合一的教育目的。

②系统介绍环境工程治理技术

通过系统介绍矿山大气、水体、噪声污染治理以及矿区土地复垦的作用意义，可以进一步激发学生的学习兴趣，促使他们深入了解环境工程技术的原理和应用。这不仅有助于学生扩展专业知识，还能够提升其在实践中的能力和水平。

第四章　环境类专业实践教学模式

第一节　实践教学在环境类专业中的地位与作用

一、实践教学的基本概念

（一）实践教学的概念界定

实践教学在高等教育中被定义为一种教学形式，其核心在于通过将学生置身于实际环境中，让他们亲身参与实践活动，从而促进知识与技能的综合运用和发展。在环境类专业中，实践教学的意义更加突出，因为它不仅涉及理论知识的应用，更是对环境工程实践的深入了解和实践。这种教学形式不仅是课堂上的理论讲解，更强调学生在实际操作中的体验与学习。

（二）实践教学的理念与目标

实践教学的核心理念在于通过实际操作来加深学生对所学知识的理解，并培养其解决实际问题的能力。在环境类专业中，实践教学的目标是培养学生的实际操作技能、解决问题的能力以及创新意识。这些能力和意识对于环境保护和治理的实践至关重要，学生需要通过实践教学培养这些能力，以应对未来环境工程领域的挑战。

（三）实践教学的方法与手段

实践教学采用多种方法和手段，包括实地考察、实验研究、工程实践、社会实践等。在环境类专业中，这些方法和手段的选择需要根据具体的课程内容和学生的实际情况进行合理地安排和组织。

1. 实地考察

通过实地考察，学生可以目睹环境问题的现状，了解环境变化的过程和原因，从而加深对理论知识的理解。

2. 实验研究

实验研究是环境类专业中常用的实践教学手段之一，通过实验，学生可以模拟环境工程中的实际操作，探索环境问题的解决方案，并进行数据分析和结果验证。

（3）工程实践

工程实践是将理论知识应用于实际工程项目中的过程，学生可以通过参与工程实践项目，学习项目管理、团队合作等实践技能，并将所学知识应用于实际工程中。

3. 社会实践

通过参与社会实践活动，学生可以了解社会对环境保护的需求和期望，培养环保意识和责任感，同时也可以将所学知识与社会实际相结合，促进学生综合素质的提升。

二、实践教学对环境类专业学生的价值与意义

（一）提升实际操作能力

1. 深化专业技能

实践教学通过实地操作和实验实践，帮助学生深化专业技能。在环境类专业中，学生需要掌握一系列基本的操作技能，如环境监测设备的使用、环境样品的采集与处理、实验室分析技术等。通过实践教学，学生能够亲自操作设备，学习操作技巧，提高操作的熟练度和准确性。这种实际操作的训练为学生将来从事环境工程领域的工作打下了坚实的基础。

2. 掌握现代环境工程技术

随着科技的发展，环境工程领域涌现出了许多新的技术和方法。实践教学可以帮助学生了解和掌握最新的环境工程技术。通过实际操作，学生能够感受到这些技术的应用效果和操作方法，从而提高自己的专业素养和竞争力。例如，学生可以通过实验室实践了解先进的环境分析仪器的使用方法，或者通过工程实践了解新型污染治理设备的操作流程。

3. 培养操作规范与安全意识

在环境工程领域，操作规范和安全意识至关重要。实践教学不仅要求学生掌握操作技能，还需要培养他们的操作规范意识。学生在实践操作中需要严格遵守

操作规范和安全操作流程，确保实验室和工程现场的安全。这有助于培养学生的安全意识和规范意识，养成严谨、细致、认真的工作态度，为将来从事环境工程领域的工作做好准备。

（二）促进创新思维和问题解决能力

1.培养解决实际问题的能力

（1）实践教学的问题导向性

实践教学以解决实际问题为导向，鼓励学生通过实践活动面对真实的环境挑战。在实践过程中，学生需要分析问题、提出解决方案，并将其付诸实践。这种问题导向的实践教学模式培养了学生的问题意识和解决问题的能力，使他们具备解决实际问题的能力。

（2）培养独立思考和创新能力

实践教学要求学生在解决问题时进行独立思考，并提出创新性的解决方案。通过自主探索和实践，学生锻炼和培养了独立思考和创新能力，使他们在面对复杂的环境问题时能够灵活应对，提出创新性的解决方案。

（3）实践经验的积累与总结

在实践活动中，学生将不断积累解决问题的经验，并通过总结和反思不断提高自己解决问题的能力。这种通过实践经验的积累和总结，有助于学生培养出较强的解决问题的能力，为他们未来的工作和研究打下坚实的基础。

2.激发创新意识

（1）鼓励实践探索和实验创新

实践教学注重学生的实践探索和实验创新，通过在实践过程中提出新的观点、构思新的方案，激发学生的创新意识和创新能力。学生在实践中面对各种挑战和问题，需要不断探索和尝试新的解决方法，这有助于培养学生的创新思维和创新能力。

（2）跨学科交叉融合促进创新

实践教学可以通过跨学科交叉融合的方式，引导学生在实践中综合运用各方面的知识和技能，促进创新思维和培养创新能力。在实践活动中，学生将学科知识与实际问题相结合，通过跨学科的思维和方法，提出创新性的解决方案，推动环境领域的科学研究和技术创新。

3. 培养综合分析能力

（1）实践中的多因素综合考量

实践教学要求学生在解决问题时需要考虑多个因素的综合影响，进行综合分析和综合判断。在实践活动中，学生需要综合考虑环境、经济、社会等多方面因素，制定全面有效的解决方案。这有助于培养学生的综合分析能力和综合解决问题的能力，使其能够在面对复杂的环境问题时能够作出合理的决策和解决方案。

（2）实践案例分析与综合评价

实践教学中的案例分析是培养学生综合分析能力的重要途径之一。通过对实际案例的分析和评价，学生可以从多个角度考虑问题，综合运用所学知识和技能，提出全面有效的解决方案。在环境类专业中，学生可以选择与环境保护相关的真实案例进行分析，例如某地区的环境污染事件、环境修复工程等。通过对案例的深入分析，学生可以了解案例背后的环境问题、影响因素以及解决方案的实施效果，培养学生的综合分析能力和综合解决问题的能力。

三、实践教学在培养环境类专业人才中的地位

（一）满足专业需求

环境类专业的学生需要具备丰富的实践经验和操作技能，这是因为环境保护工作需要实际操作和应用知识。实践教学作为满足这一需求的重要手段，有以下几个方面的作用。

1. 提供真实环境学习机会

（1）实地考察与观察

实践教学为环境类专业学生提供了实地考察和观察的机会。学生可以到各种环境场所，如城市、乡村、工业区等，亲身感受和观察环境问题的存在与影响。通过观察不同环境条件下的现象和问题，学生可以更深入地理解环境工程的实际情况，为日后的环境保护工作做好准备。

（2）实验操作与技能训练

实践教学还包括实验操作和技能训练，为学生提供了操作实验设备、采集样品等机会。通过实验操作，学生可以熟悉各种实验设备的使用方法，掌握实验技能和操作技巧。这有助于提升学生的实践能力和实验技能，为将来从事环境保护工作打下坚实的基础。

（3）环境模拟与情境演练

在实践教学中，还可以利环境模拟和情境演练的方式，让学生在虚拟环境中进行实践活动。通过模拟环境和情境演练，学生可以模拟真实环境中的工作情况和环境问题，提前感受和应对可能遇到的困难和挑战。这有助于培养学生的应变能力和适应能力，增强其面对复杂环境问题时的应对能力。

2. 培养适应能力和素质

（1）观察力与分析能力

实践教学培养学生的观察力和分析能力。学生在实地考察和观察环境问题时，需要仔细观察现象和细节，并对其进行深入分析和思考。这有助于提升学生的观察力和分析能力，使其能够准确把握环境问题的本质和要点。

（2）解决问题的能力

实践教学还培养学生解决问题的能力。在实践活动中，学生可能会遇到各种问题和挑战，需要积极思考并找到解决问题的方法和途径。这有助于培养学生解决问题的能力和应变能力，使其能够灵活应对各种环境问题和挑战。

（3）团队合作与沟通能力

实践教学注重学生的团队合作和沟通能力。在实践活动中，学生通常需要与他人合作完成任务，并与他人进行有效沟通和协调。这有助于培养学生的团队合作意识和沟通能力，提高其与他人合作的效率和水平。

3. 提升实践技能

（1）实验技能和操作技巧

实践教学通过实验操作和技能训练，提升学生的实践技能和操作技巧。学生在实验活动中，可以熟悉各种实验设备的使用方法，掌握实验技能和操作技巧，为将来从事环境保护工作做好准备。

（2）数据采集和处理能力

实践教学还可以培养学生的数据采集和处理能力。学生在实地考察和实验研究中，需要收集和处理大量的数据和信息，并对其进行分析和总结。这有助于提升学生的数据处理能力和分析能力，使其能够准确获取和处理环境数据，为环境保护工作提供科学依据和支持。

（3）技术应用和工程实践能力

实践教学还可以培养学生的技术应用和工程实践能力。学生在实践活动中，需要将所学知识和技能应用到实际工程项目中，解决实际环境问题和挑战。这有助于提升学生的工程实践能力和应用能力，使其能够胜任各种环境保护工程项目的设计、实施和管理工作。

（二）强化实践能力

实践教学是培养环境类专业人才的重要途径之一，它可以通过以下方式强化学生的实践能力和应用能力。

1. 实践操作训练

（1）培养现场操作技能

实践教学注重培养学生在真实环境中的操作技能。通过实地考察、实验操作等形式，学生可以亲自动手进行环境工程相关的操作，如设备调试、样品采集、数据记录等。这些实践操作训练不仅提高了学生的操作技能，还增强了他们的应变能力和操作灵活性。

（2）培养安全意识

在实践操作中，培养学生的安全意识至关重要。实践教学注重对学生进行安全操作培训，教授相关的安全操作规范和注意事项，增强学生的安全意识和自我保护能力。通过培养安全意识，学生可以在实践活动中做到安全第一，有效降低操作风险。

2. 案例分析与解决

（1）分析实际问题

实践教学通过案例分析，引导学生深入了解实际环境问题，掌握问题的本质和特点。学生通过分析案例，了解环境问题的背景、原因和影响，培养了其对环境问题的深刻理解和分析能力。

（2）提出解决方案

在案例分析过程中，学生被要求提出解决环境问题的方案和策略。通过思考和讨论，学生可以提出切实可行的解决方案，有针对性地解决实际环境问题，培养了其解决问题的能力和方法论。

3. 实践项目实施

（1）培养项目管理能力

一些环境类专业课程可能会设置实践项目，通过实践项目的实施，学生可以学习项目管理的相关知识和技能。他们需要组织实施项目、分配任务、制定计划、监督进度等，培养项目管理的能力和技巧。

（2）团队协作与沟通

实践项目通常需要学生团队合作完成，这有助于培养学生的团队协作和沟通能力。学生需要与团队成员协作配合、交流合作，共同完成项目任务，锻炼了团队合作的能力和沟通技巧。

（三）促进学科发展

实践教学对于学科的发展具有积极的推动作用。

1. 提供实践案例

（1）实证基础支持

实践教学提供了大量真实的案例和数据，这些案例可作为学科研究的实证基础，为学科的理论建构和实践应用提供了有力支持。通过分析实践案例，学者可以发现实际问题的本质、规律和特点，为学科的深入研究提供了重要线索和参考。

（2）推动理论探索

实践案例的存在促进了学科理论的不断探索和完善。学者可以基于实践案例进行理论分析和验证，不断修正和完善学科理论框架，推动学科理论的发展和演进。同时，实践案例也为学科理论的实践应用提供了重要依据，加强了学科理论与实践的联系和融合。

2. 探索新方法

（1）发现新问题

学生通过实践活动的参与和探索，可能会发现新的问题和挑战。这些新问题可能是学科研究领域的未解之谜，通过对这些新问题的探索和研究，可以推动学科研究的深入发展，开拓学科研究的新领域。

（2）提出新方向

实践教学培养学生的实践能力和创新意识，激发了学生对学科发展的关注和思考。学生可能会提出新的研究方向和方法，为学科的发展提供了新的思路和方向。这些新方向可能会引领学科研究的发展方向，推动学科的不断前进。

3. 培养创新意识

（1）实践探索精神

实践教学注重学生的实践探索和创新实践，培养了学生的实践能力和创新意识。学生在实践活动中不断尝试和探索，敢于面对挑战，勇于创新，这种创新意识对于学科的创新和发展至关重要。

（2）解决问题的能力

通过实践教学，培养了学生解决实际问题的能力和方法论。这种问题解决能力是创新的基础，学生在解决实际问题的过程中，可能会提出新的观点和方法，推动学科的创新和发展。

第二节　实践教学模式的发展与演变

一、环境治理是国家的重大需求

长期以来，我国的环境问题存在着复杂性和严重性等特点，社会各界对环境质量的关注和迫切需求在最近几年更是达到前所未有的高度。环境治理已经成为我国重大且迫切的现实需求。

（一）在大气复合污染方面

在全球范围内，存在着酸性沉降、城市光化学烟雾和区域性细颗粒物这三类大气环境污染。目前，我国在酸性沉降治理方面已取得重大胜利，正在积极应对区域性细颗粒物污染，并主动预防城市光化学烟雾污染。我国在大气复合污染综合治理方面已初见成效，部分污染物（如二氧化硫）的排放量在全球范围内已有所下降，这完全得益于我国污染治理技术水平的提升。同时，我们仅用了短短三十年的时间，就走过了发达国家一百年的发展历程，不可避免地面临更多、更严重的环境治理问题。例如，近年来的区域性 PM2.5 污染治理，其形成涉及多个污染源和多种污染物，形成机制和区域间相互作用仍需深入研究。因此，我们需要不断创新，找准污染源头，了解污染成因，做好准确预报和预警，并科学制定控制规划。2013 年 9 月，国务院发布了《大气污染防治行动计划》（以下简称"大气十条"）；2013 年 9 月，环保部启动了清洁空气研究计划；2015 年，科技部启动了国家重点研发计划大气污染防治重点专项。以上种种我们环境人才培养提出了新的要求，迫切需要大气环境持续改善、科技和管理的创新。

（二）在水污染方面

2015 年 4 月国务院印发《水污染防治行动计划》（以下简称"水十条"），

对 2020 年和 2030 年我国地表水水质指标提出了非常明确具体的要求。但是，目前地表水水质指标与 2020 年和 2030 年工作目标还有一定差距。2016 年全国地表水 1940 个断面中，五类和劣 V 类分别占 6.9% 和 8.6%，海河水系主要支流为重度污染，滇池仍为中度污染。水污染防治工作仍然十分艰巨，形势依然严峻。结合国家在水方面的科技需求，未来我们将持续改善重点流域、区域水质，在水环境管理、水污染治理、饮用水安全保障三大技术体系构建以及典型流域验证示范、推广应用等相关方面大有可为。

（三）在土壤污染方面

目前，我国的土壤环境状况普遍不容乐观，一些地区土壤污染情况严重，已成为全面建成小康社会中的一个短板。更加令人担忧的是，我国的土壤环境保护面临着诸多突出问题，包括污染程度不明、监测监管机制不健全等。为了应对这一情况，国务院于 2016 年 5 月发布了《土壤污染防治行动计划》（以下简称"土十条"），旨在制定未来土壤污染防治的具体行动目标。与欧美国家相比，在土壤修复领域的总产值占 GDP 比重约为 0.5%，而我国市场仍处于起步阶段，目前占 GDP 比重不足 0.01%。随着"土十条"的实施，土壤修复行业有望实现快速健康发展，市场潜力巨大，预计市场规模可达 5.02 万亿 ~ 9.52 万亿元。然而，目前我国的土壤修复技术尚处于起步阶段，面临着专业人才匮乏的严峻问题。与此同时，我们在固体废物治理方面也面临着重大挑战。固体废物不仅是导致大气、水、土壤污染和生态破坏的主要源头，也是污染物在环境中聚集形成固体废物的主要渠道。"大气十条""水十条""土十条"分别从大气、水、土壤污染防治的需求出发，对固体废物管理工作作出了具体部署。值得特别指出的是，固体废物处理和处置需要从全生命周期的污染控制角度出发，综合防控。上述环境污染治理挑战不仅是我国面临的，也是世界范围内普遍存在的。我们需要以一流的专业能力来解决这些问题，这也是环境学科发展的主要动力。

二、环境学科发展趋势

（一）学科交叉，通专融合

目前国际上环境学科发展与人才培养表现出多学科之间的交叉，注重通识教育与专业教育融合的特点，大学低年段重视基础学科，高年段有丰富的跨学科/交叉性课程可供选择。加州大学伯克利分校在全美环境学科排名中经常位列第一，该校制订了包括环境与人体健康、全球变化与生物学等 6 个子方向，每个方向课程建设体现高度的学科融合特点，涉及多达 10 个以上的学科参与课程设计和建设，大学高年段有丰富的跨学科 / 交叉性课程选择。例如，在"环境与人体健康"方向有 35 门课程可选，"全球变化与生物学"方向有 23 门课程，"生态"方向有 34 门课程，"生物多样性"方向有 23 门课程，"动物卫生与行为"方向有 22 门课程，"昆虫学"方向有 10 门课程，形成了非常丰富的课程体系。斯坦福大学有 2 个与环境学科相关的院系。一是土木与环境工程系，偏重于建筑环境、大气 / 能源和水环境的交叉融合，其课程关注的尺度有城市尺度、区域尺度乃至全球尺度。二是地球、能源与环境科学学院，通过将地学、化学、经济等基础类课程融入人类环境系统、生物圈、能源科学与技术等相关研究方向，形成了能源与环境政策分析、可再生能源与绿色能源过程等一大批交叉融合课程，实现了地学、环境和能源系统的交叉融合发展。伊利诺伊大学香槟分校本科生教育以基础学科为主，但是同样重视多学科交叉。例如，农业与环境科学学院下设环境经济学与法律专业、环境经济学与政策专业、自然资源与环境科学专业、自然资源保护专业，开设课程有环境经济学、食品法、农业法、环境法、环境政策、环境与发展、环境植物学、动物生物学、地球物理系统、物理地质学、土壤学、场地实践、国际环境问题，等等。文理学院下设环境化学专业、环境地质专业、地球科学专业、地球与环境科学专业、地球与环境可持续专业，开设课程有环境化学、水文地质、气候与全球变化、环境与人类响应、地球生物圈与生态学、可持续政策和全球变化、GIS 系统，等等。

（二）科学、工程、管理相结合

近年来，国际上对环境人才培养计划越来越重视与科学、工程和管理的融合。哈佛大学在环境相关专业设置上，取消了科学、工程和管理之间的明确界限，将它们紧密结合在一起。例如，地球与行星科学系开设了课程，如能源与气候、大气化学与物理等；公共卫生学院也提供了大气环境、人体健康和全球环境变化等相关课程。同时，自 2016 年起哈佛大学还与麻省理工学院共享了大气、海洋与气候导论、大气污染等相关课程。荷兰瓦赫宁根大学的环境学科享有很高的声誉，在学科全球排名中常常名列前茅。该学科的环境科学专业包括常规课程和专业课程两部分。常规课程涵盖了环境科学导论、环境技术导论、环境系统分析概述、环境政策工具、环境科学与社会等内容；而专业课程包括环境政策与经济学、环境质量和系统分析、环境技术等方向的课程。学生可以根据自己的兴趣和方向进行自主选课。这些课程涵盖了科学、技术和管理等各个方面，并且内容紧密相关。值得强调的是，目前环境领域对系统思维、大数据等方面的需求越来越大，特别是在追求环境质量改善和提高的过程中，环境类专业学生需要加强对这些方面知识和能力的培养。

（三）国际交流，实践创新

随着环境治理国际合作的进一步加深和国际交流的持续推进，环境学科越来越注重国际交流和实地考察，以培养环境类专业学生的全球胜任力和实践、创新能力。国际知名高校环境类专业相继开设了国际交流课程或项目。例如，丹麦技术大学（DTU）在第5-6学期为各分支专业设置了必修的国际交流环节，涵盖欧洲、非洲等多个地区；斯坦福大学本科生可参与文化环境多样性项目（需满足学分和成绩要求）；加州大学伯克利分校本科生可前往智利参与国际交流项目（需先修6个学分的相关课程）；伊利诺伊大学香槟分校本科生可参与哥斯达黎加的土壤多样性与土地利用项目（需修读2个学分）。十九大报告提出，我们要为解决世界问题提供中国方案。在环境治理方面，许多国家对我国的环境治理技术给予了高度评价。随着我国"一带一路"倡议的推进，我们的学生将在未来走向国际舞台，全球胜任力将成为环境类专业学生必备的核心能力。

三、环境人才培养面临的新问题和新要求

（一）新时代赋予环境人才培养的新使命

面向建设美丽中国的重大使命，落实大气、水、土壤污染防治行动计划等国家重大战略需求，需要我们培养环境领域高层次复合型拔尖人才，使其具有扎实的环境科学技术专业知识，宽广的通识教育基础，开阔的国际视野以及良好的交流沟通能力。新时代环境人才培养目标对我们提出了新的要求。我们要通过厚基础、高质量的绿色教育培养具有可持续发展和环保意识的工业界、学术界和政界未来领军人物，通过前沿理论和应用研究提升环境工程专业的理论和技术水平，为行业、社会和政府提供解决社会问题、提升可持续发展能力和应对全球环境问题挑战的专业技术和服务人才。

（二）环境学科发展对人才培养的新要求

由于污染物的种类、浓度与组合千差万别，污染地区的社会、经济条件具有

多样性，因此环境污染本身呈现出综合性、复杂性，并且还具有地域特征、时间特征，这就导致了污染控制技术的多样性和复杂性。所以，相对于其他专业而言，环境领域专业技术人才需要具备更加宽厚、系统的专业理论基础，良好的素质和综合能力以及解决复杂问题的能力。环境领域人才需要具有宽厚基础、创新思维、全球视野。从环境学科本身发展来看，学科视野要由常规尺度转向微观尺度和宏观尺度，治理模式要由末端治理转向清洁生产、循环经济，治理技术要由传统技术转向高新技术、信息技术，治理工程要由点源治理转向面源治理、环境修复、景观建设。

（三）环境问题全球化趋势对人才培养的新要求

环境问题已经成为国际关系、国际贸易的重要内容和影响国家对外形象的重要因素。作为国际合作中最活跃的领域之一，目前国际社会缔结环境相关的国际条约和其他协定超过 500 个，其中区域性条约 / 协定 300 多个，全球性条约 / 协定 100 多个，涉及化学品和废物、气候变化、海洋保护、生物多样性、核与辐射安全等重大环境问题。随着国际环境安全问题合作逐步深化，环境公约履约已成为解决全球环境问题、强化全球环境治理的主要手段和有效途径。深化环境治理国际合作，加快国家立法建设，切实提高履约能力，建立资金、法制、科技、宣传、执法等完善的环境履约机制，对环境人才队伍提出了更高要求。在环境问题呈现全球化的趋势下，我国在全球环境治理和履约中扮演着非常重要的角色，我国环境人才需要深入了解国际科技发展和国际环境履约的水平和动向，才能具备国际竞争能力。在全球环境治理方面，需要环境法学、环境管理、环境科学领域的专业人才，参与国际环境谈判和环保合作，建设多层次国际环境保护网络，支撑国际范围内的可持续发展；在环境公约制定方面，需要环境法学、环境政策、环境科学、环境工程领域专业人才，参与国际环境治理法律体系的建设，明确国际环境责任，维护国家环境安全；在环境公约履约方面，需要环境政策、环境工程管理、环境科学、环境产业技术专业人才，参与履约机制建设和环境公约执行，研发推广最佳可行技术、最佳环境实践，提升国家履约能力；在环境公约评估和修订方面，需要环境管理、环境法学、环境技术专业人才，参与国际公约履约成效评估，促进国际环境责任落实，推动国际环境公约发展。

（四）国际工程认证助推国际竞争力培养

1.建立符合国际标准的评估体系

国际工程认证（如 ABET）为环境类专业设立了符合国际标准的评估体系，这有助于确保培养目标的实现。通过国际认证标准，可以对学生的学习成果进行全面、系统的评估，从而更好地了解教学质量的水平，为持续改进教学方案提供指导和依据。

2.评价培养计划的实效性

国际工程认证的实施使得教学评估从以往的评"教"向评"学"转变。通过对学生学习效果和能力发展的全方位评价，可以客观地评估培养计划是否能够达到预期的教学目标。这种评价不仅包括学生在课堂上的表现，还包括对实践能力、创新意识等方面的评估，更加全面地反映了培养计划的实效性。

3.促进学生综合能力的提升

通过国际工程认证所建立的评估体系，可以直接、间接、定量、定性地对学生进行动态评估。这种综合评价方式不仅能够发现学生的优势和不足，还可以促进学生多维度、全方位的综合能力的持续提升。通过对学生作业、试卷、实验报告、口头报告等方面的评估，有针对性地指导学生的学习和发展，从而更好地适应国际工程领域的需求和挑战。

（五）培养创新型人才需要面对和思考的问题

这里提出几个问题，供大家共同探讨。一是如何构建具有吸引力的跨学科融合的新型环境学科方向？环境本质上是交叉学科，来源于多个母学科，不同母学科衍生的环境专业各具优势和特色——不同学科背景院校如何突出优势，体现特色课程、特色教学模式。二是环境专业人才教育是"专业通识教育"还是"专才教育"，如何与"大类招生"相衔接，如何协调与其他学科的关系？三是如何不断总结、提炼环境学科形成的成熟的、具有共性的专业基础理论，形成环境学科的通识教育平台？四是如何加强环境学科人才培养的国际竞争力——如何在工程实践能力、国际环境事务管理能力等方面有效提升？

以上这些问题需要我们共同研究与不断实践，才能真正有效解决。其中一种解决思路就是从最基本的课程体系建设入手。

四、新时代背景下课程体系建设的思考

（一）转变育人理念，实施"三位一体"教育

育人理念的转变是教育体系发展的必然趋势。以清华大学本科教学为例，我们认识到传统的知识传授模式在培养未来创新人才方面存在局限性。因此，我们倡导将教育理念从单一的知识传授转变为"三位一体"的教育模式，即价值塑造、能力培养和知识传授相结合的教育理念。

1. 价值塑造

在教育中，价值塑造是至关重要的。学生的人格、品德、社会责任感等方面的塑造对其未来的发展至关重要。清华大学本科教学将价值塑造作为教育的重要组成部分，通过课程设置、校园文化建设、社会实践等方式，引导学生树立正确的人生观、价值观和社会责任感，培养学生高尚的品德和优秀的文化素养。

2. 能力培养

除了知识传授外，学生的能力培养也是教育的重要目标。清华大学本科教学注重培养学生的创新能力、实践能力、团队合作能力等综合素质。通过项目实践、实验课程、社团活动等多种途径，激发学生的创新潜力，提升其实践能力和团队合作能力，使其具备解决实际问题的能力和自主学习的能力。

3. 知识传授

尽管价值塑造和能力培养是重要的，但知识传授仍然是教育的核心内容之一。清华大学本科教学注重通过系统的课程设置和教学方法，向学生传授学科基础知识和专业技能。同时，我们也鼓励学生自主学习和探索，培养其终身学习的能力，以适应社会快速发展的需求。

（二）创新课程内容，完善课程体系

1. 面向国家重大战略需求和学科前沿，开设研讨课程

在培养环境类专业学生的过程中，重视面向国家重大战略需求和学科前沿的研讨课程至关重要。借鉴清华大学的做法，我们鼓励院士、杰出学者以及享有国际声誉的教授开设研讨课程，特别是针对新生的研讨课程。这些研讨课程涵盖了诸如环境与发展、雾霾成因与防控、环境系统思维与大数据、能源与气候变化等前沿议题，旨在向学生展示环境学科的重要价值，引导学生认识专业、了解学科前沿，激发学生深入思考，培养学生的发展志趣和家国情怀。

2. 完善基于能力培养的课程体系

为了培养具有全面竞争力的环境人才，我们需要完善基于能力培养的课程体系。环境学科本科教学应当坚持"厚基础、宽口径、多样化、国际化"的人才培养理念，规范和改善教学过程，遵循国际工程教育规范。我们将继续改进课程体系，注重学生的综合能力与工程能力的培养，实现"教学相长"的目标。

3. 加强多学科交叉融合

为了培养具有特色的创新型环境人才，我们将加强多学科交叉融合。借鉴"大类培养"理念，我们将发展新型环境学科方向，结合不同母学科的优势，打造具有特色的环境专业。我们将促进学科交叉、融合，丰富学科理论体系，加强课程内涵建设，形成环境学科课程特色，满足不同层次、不同类型、不同特色的人才培养需求。

4. 跨学科融合形成新的环境学科课程体系和新的环境学科方向

借助环境学科的跨学科交叉融合属性，我们将形成新的环境学科课程体系和新的环境学科方向。结合基础学科，如化学、生物、物理、数学、地学等，我们将推出新的课程，如分子环境生物学，以实现环境学科的进一步发展。

5. 强化创新创业教育，培养企业家精神

为了培养具有创新精神和企业家精神的环境人才，我们将加强创新创业教育。我们将推进环境工程教育与产业的结合，通过工程实践项目等方式，培养学生的实践能力。同时，我们将通过多种途径推进创新创业教育，培养学生的创新思维和团队精神，为他们未来成为环保事业的引领者、开创者和建设者奠定基础。

（三）积极探索实践教学模式

一是要创新实践教学模式，以构建宽覆盖、重前沿的实验课程体系为目标。我们将积极探索新的实践教学方法，通过引入最新的实验技术和设备，强化培养学生的实践能力和创新能力。特别是倡导开放型实验教学模式，学生将有机会自主设计、自由开展实验，从而更好地理解科学原理和掌握实验技巧。此外，我们还将积极将科研成果与教学实践相结合，及时将最新科研成果转化为实验教学资源，培养学生的科学素养和创新意识。

二是要强化国际竞争力的综合能力培养，特别是面向"国际化＋实践"的新型实践教学模式。我们将深入探索如何将国际化与实践教学相结合，以提升学生的国际竞争力。为此，我们将面向国际社会，尤其是面向"一带一路"沿线国家，

开展实践教学基地建设，为学生提供更广阔的实践平台和交流机会。通过参与国际实践项目，学生将培养全球胜任力和跨文化沟通能力，同时也将激发他们的企业家精神，为未来的国际化职业发展奠定坚实的基础。

第三节　环境类专业实践教学的特点与优势

一、环境类专业实践教学的特点分析

（一）跨学科性

1. 学科融合

（1）地球科学融合

环境类专业实践教学的学科融合体现在与地球科学的紧密结合。在环境监测与评估的实践中，学生需要综合运用地质学、地球化学、水文学等地球科学知识，以全面了解环境问题的地质背景、地球化学特征和水文地质特性。例如，在地下水资源调查与评价实践中，学生需要利用地质学的知识解释地下水成因和分布规律，运用地球化学方法分析地下水中的化学组成，以及运用水文学理论研究地下水的流动和补给过程。

（2）生态学融合

实践教学还需要与生态学紧密结合，以探讨环境问题与生物、生态系统之间的关系。在生态环境修复实践中，学生需综合运用生态学原理，设计并实施生态系统的恢复与重建方案，促进受损生态系统的修复和健康发展。例如，通过引入适宜的植物种植、土壤改良等措施，修复受污染的湿地生态系统，恢复其生物多样性和生态功能。

（3）化学与物理学融合

在环境类专业实践教学中，化学和物理学也是不可或缺的学科。在环境污染控制与治理实践中，学生需要综合运用化学和物理学原理，开展废水处理、大气净化等工作。例如，在大气污染治理实践中，学生可以利用化学方法研究大气污染物的生成与转化规律，同时运用物理学原理设计和优化大气污染治理设施，实现大气环境的净化和改善。

2. 跨领域合作

（1）工程技术合作

环境类专业实践教学需要与工程技术领域进行紧密合作，共同解决环境问题。例如，在土壤污染修复实践中，学生需要与土木工程师合作设计并实施土壤修复工程，利用地下水位控制、土壤修复材料注入等技术手段，完成土壤污染的治理与修复任务。

（2）社会科学合作

实践教学还需要与社会科学领域进行合作，了解和解决环境问题背后的社会经济因素。例如，在环境政策与管理实践中，学生需要与社会学家、经济学家合作，开展环境政策效果评估、环境管理规划等工作，以制定和完善环境政策和管理措施。

（3）经济学合作

环境类专业实践教学还需要与经济学领域进行合作，探讨环境问题与经济发展之间的关系。例如，在环境成本与效益评估实践中，学生需要与经济学家合作，分析环境保护项目的投入产出比、环境外部性影响等经济指标，为环境决策提供经济学支持和参考。

（二）综合性

1. 综合考量因素

环境类专业实践教学需要全面考虑自然、社会、经济等多个方面的因素。在项目设计阶段，需要综合考虑自然环境的特点，社会经济的影响以及政策法规的约束等因素，以确保实践活动的科学性和可行性。例如，在开展环境保护实践时，需要综合考虑当地生态系统的特点、社区居民的生活习惯以及政府的政策导向，从而设计出符合实际情况的环境保护方案。

2. 系统性实践

实践教学应具备系统性，即从问题识别、方案设计、实施执行到效果评估等环节都需要进行系统化的规划和实施。这种系统性的实践教学有助于学生全面理解环境问题的复杂性，培养他们系统思维和综合分析问题的能力。例如，在开展环境监测与评估实践时，学生需要系统地收集环境数据、设计监测方案、进行实地调查和数据分析，并最终提出综合评估报告，以实现对环境状况的全面了解和评估。

3. 跨层级整合

环境类专业实践教学需要跨层级整合资源，包括政府部门、企业机构、社会组织等多方力量的参与和支持。通过与不同层级的合作，实现资源共享、信息共享和经验交流，推动环境类专业实践教学的综合发展。例如，在开展环境保护项目实践时，学生可以与当地政府部门合作，获取政府的支持和资源，与企业机构合作，获得技术和资金支持，与社会组织合作，获取公众参与和支持，共同推动环境保护工作的开展。

（三）针对性

1. 专业特点定制

实践教学应根据环境类专业的独特特点和需求进行定制化设计。有针对性地选择实践项目和活动，确保其与专业知识和实际工作的紧密结合。例如，在开展环境监测与评估的实践中，可以选择与环境监测机构合作，让学生参与真实的监测任务，从而培养他们的实践操作能力和专业素养。

2. 实践能力培养

环境类专业实践教学应重点培养学生的实践能力和应用能力。通过设计具体、实用的实践项目和任务，让学生在实践中不断锻炼解决问题的能力，培养其实践操作技能和应变能力。例如，设计环境监测实践项目，让学生学会使用各种监测设备和方法，收集环境数据并进行分析，从而提高其实践操作能力和数据处理能力。

3. 行业需求导向

实践教学应紧密结合环境行业的发展需求，针对行业发展趋势和就业市场需求，有针对性地培养学生的实践技能和专业素养。通过与企业合作、行业交流等方式，及时了解行业动态，调整和优化实践教学内容，以满足行业的人才需求。例如，结合环境工程行业的实际情况，设计相关的工程实践项目，让学生在实践中掌握最新的工程技术和方法，提高其在就业市场上的竞争力。

二、环境类专业实践教学的优势总结

（一）贴近实际

环境类专业实践教学的优势之一在于其与实际环境问题和工程项目的密切联系。通过实践教学，学生能够直接接触并参与解决真实的环境挑战，从而增强他们的实际操作能力和专业技能。例如，在实地考察中，学生可以亲自感受环境现状，了解问题的具体情况；在环境监测和评估中，学生可以学习并应用各种监测技术和评估方法；而在环境保护工程设计与施工中，学生可以通过实际操作，掌握工程实施的流程和技术要点。这样的实践活动使学生能够更加深入地了解专业知识，并将理论知识与实际应用相结合，为未来的工作和研究打下坚实的基础。

（二）培养创新精神

实践教学注重学生的主动参与和实践探索，在开展科研项目和工程实践中，学生不仅可以学习现有知识，还可以发挥创造力，探索新的解决方案。例如，在环境科学研究项目中，学生可以提出新的研究方向和方法，推动学科的创新发展；而在工程实践中，学生可以通过改进设计方案或应用新技术，提高工程项目的效率和可持续性。这种创新意识和实践能力的培养，有助于学生在未来的工作中不断探索和创新，为环境领域的发展作出更大的贡献。

（三）提升综合素质

环境类专业实践教学还能够全面提升学生的综合素质。实践活动涉及实际操作、团队合作、问题解决等多方面的能力培养，能够帮助学生全面发展。例如，在团队合作的实践项目中，学生需要与同学合作完成任务，培养团队协作和沟通能力；而在解决问题的实践过程中，学生需要分析问题、制定解决方案，并在实践中加以实施，培养独立思考和解决问题的能力。这样的综合培养有助于学生在未来的职业生涯中胜任各种复杂的工作任务，并成为具有综合素质的优秀人才。

（四）增强实践经验

通过实践教学，学生能够积累丰富的实践经验，包括技术操作、问题解决、团队协作等方面。这些实践经验不仅可以丰富学生的简历和求职经历，还可以提高他们在实际工作中的适应能力和应变能力。例如，学生在实践中积累的经验和成果可以为科研项目和工程项目提供有力支持，促进专业技术的应用和推广。因此，实践教学在增强学生实践经验方面具有独特的优势。

三、环境类专业实践教学模式的创新与探索

（一）实践教学体系重构

1.渐进式实践技能提升

以"基础课程群＋学科基础课程群＋专业课程群综合应用能力训练"为主线，

通过大学四年逐层提高学生应用创新技能。

（1）"启蒙普及层"

主要为大一阶段，学生通过基础实验平台，如无机化学实验、物理实验等，让学生掌握基础实验技能训练，初步培养学生科研创新能力，同时，通过认识实习培养学生的实践应用能力，激发他们对专业的兴趣，并建立自觉的学习自信。

（2）"授业提高层"

主要为大二阶段，学生进入环境专业基础实验室，掌握环境微生物学实验、环境监测实验、环境化学实验等专业基础知识和技能，同时邀请相关行业专家举办相关应用创新的知识讲座，进一步激发大学生应用创新的动力。通过专业见习，鼓励学生参与社团活动、实验和实践技能大赛等第二课堂活动，进一步提升大学生的应用创新实践动手技能，培养职业道德感。

（3）"孵化精英层"

主要为大三阶段，学生进入专业实验室开展如环境工程实验等培养实践能力的活动，同时通过组建学术导师、研究生、本科生团队参与企业或科研导师的项目，从而形成有助于教师与学生深度互动的混合环境。此外，通过参与大学生创新实验项目和第二课堂活动等激发学生对专业的兴趣，初步培养学生的工程设计能力。

（4）"实践实战层"

主要为大四阶段，根据学生的学习特点结合环境工程课程设计、毕业设计、教师科研项目、校企合作课题，将学生安排到各自对应的校企合作基地，通过顶岗实习的方式将学生的理论知识与实践相融合，实现应用创新能力的提升。最终实现从"先知识后能力"反转为"先能力后知识"的轴翻转。

2. 多平台互动构建多样化实践平台

以"校企政""产学研用"全面支撑，构建包括"课程实验平台""课程设计平台""第二课堂平台""科研训练平台""现实模拟"仿真平台和"校政企"立体平台，多平台互动，多元立体交叉培养学生综合应用理论知识解决工程问题的能力。

（1）基础技能提升课程实验平台

以现有课程实验为基础（如分析化学实验、环境监测实验、环境化学实验、环境生物学实验），巩固学生的理论知识学习。融合"基本技能训练"与"创新、创造、竞争"能力培养于一体，以教师科研项目及校企合作项目为基础，增加综合设计性项目，以科研和科技开发项目为载体，培养学生独立自主开展应用创新研究型项目的能力。

（2）"案例内化"课堂设计与科研训练平台

课程设计和科研训练平台将教师科研课题和企业技能需求内化，结合工程案例完成设计任务，体现"真""新"。同时，聘请环保研究所、设计院、环保企业的高级工程师指导学生，使学生在方案设计、规范等方面严格按照工程实例设计的标准进行。

3. 选题多样化毕业设计平台

（1）应用型模式

根据学生的择业方向和学生自己的特长进行毕业设计选题。实行毕业实习与毕业设计一体化以及校内与企业实习基地"双导师"合作指导模式。以企业实际项目或需要解决的技术问题为切入点，构建学校与企业或科研机构双联合，开展毕业设计。学生在设计前须深入到工厂实际生产和研发部门进行顶岗实习，通过实习获得一定的生产实用技术，提高解决实际问题的能力，通过毕业设计让学生提早介入企业的项目，为今后和用人单位的双向选择提供条件。

（2）科研课题型模式

结合相关的横向和纵向科研项目，鼓励学生从大二开始进入实验室，通过大学生创新实验项目申报及毕业论文进一步提高学生的科研水平，为进一步深造学习打下基础。

4. "校企政"立体合作平台

"以社会需求为引领、以促进就业为导向"，利用学校与地方政府、行业协会、地方协会、企事业单位多种合作渠道与途径，搭建职业岗位能力培养平台，建立稳定、多样化的实践教学基地，建"就业踏板"，搭"创业平台"。以"顶岗实习"为主要模式，开展预就业模式的点面协同育人，让学生提前参与企业一定规模的技术改造或新系统建设项目的立项、设计、工程施工、调试和试运行的全过程，实现"校企政"协同育人，推进"产学研用"一体化。成立校内研究机构，与企业特别是校友企业的技术需求或项目相结合，由学生在校内外导师的指导下，完成项目研究、研发，达到产学结合、产教融合。实现"企业/导师项目＋项目指导＋学生自主学习＋项目产业化"。

5. 以社团形式为延伸，搭建第二课堂平台

通过参与"挑战杯"、大学生创新创业实验项目、大学生实验技能大赛等提升应用知识和技术解决生产、服务、管理等方面的实践能力、创新能力和创业能力。同时开设科技讲座，提高大学生对各种比赛的认识，培养其对科技的兴趣，拓展其创新思维。

（二）"双师型"教学团队保障

大力推进青年教师到企业挂职锻炼及进修，与合作企业建立教师定期挂职锻炼和顶岗工作机制，将研与教、研与学、研与产结合起来。鼓励教师积极考取各项资格证书。此外，聘请相关行业的优秀专业技术人才、管理人才和高技能人才作为兼职教师，进一步提升学生实际操作和专项技能。经过建设，形成了一支工程经验和创新能力专兼结合的"双师型"队伍，保障应用型人才培养，以利于学生专业领域的知识拓展。

1. 青年教师挂职锻炼和进修

（1）推进青年教师到企业挂职锻炼

推进青年教师到企业挂职锻炼是一项重要的举措，旨在让教师更好地了解产业需求、掌握最新的行业动态，并将这些知识与学生分享。这种实践不仅能够提高教师的实践能力和专业水平，还能够促进学校与企业的深度合作，实现"产学研用"的有机结合。

第一，青年教师可以通过挂职到企业，深入了解行业内部的运作机制和技术发展趋势。他们可以与企业技术人员、管理人员进行交流和合作，了解企业在环境领域的需求和挑战，从而更好地调整自己的教学内容和方法，使之更符合实际需求。

第二，青年教师在企业挂职期间还可以参与企业的项目研究和技术开发工作，积累实践经验和技术能力。通过与企业员工的密切合作，他们可以学习到最前沿的技术知识和解决问题的方法，为自己的教学和科研工作提供更丰富的素材和思路。

第三，挂职锻炼还可以帮助青年教师建立良好的人脉关系和职业发展平台。在企业工作期间，他们可以结识到行业内的专业人士和领导者，拓展自己的人脉资源，为今后的职业发展打下坚实的基础。同时，通过挂职锻炼，青年教师还可以深入了解企业的用人需求和人才培养模式，为毕业生的就业提供更准确的指导

和帮助。

（2）建立教师定期挂职锻炼机制

为了更好地推进青年教师挂职锻炼工作，需要建立一套完善的机制和制度。首先，学校可以与企业签订合作协议，明确挂职教师的工作内容、期限和待遇等相关事项，确保挂职教师的权益得到保障。其次，学校可以成立挂职教师管理团队，负责挂职教师的选拔、安排和管理工作，确保挂职教师能够顺利地融入企业的工作中。同时，学校还可以为挂职教师提供一定的培训和指导，帮助他们更好地适应企业的工作环境和要求。例如，可以组织挂职教师参加企业文化培训、技术交流会等活动，提高他们的综合素质和专业能力。此外，学校还可以定期对挂职教师进行评估和考核，及时了解他们的工作情况和学习收获，为今后的挂职工作提供参考和指导。最后，学校还可以加强与企业的沟通和合作，共同探讨挂职教师的培养计划和工作安排，确保挂职教师能够在企业中得到充分地锻炼和发展。通过建立教师定期挂职锻炼机制，可以有效地促进青年教师的职业成长和学校与企业的深度合作。

（3）实现研与教、研与学、研与产的结合

挂职锻炼和进修不仅可以促进青年教师的个人成长，还可以实现研与教、研与学、研与产的有机结合，推动学校的科研工作和人才培养工作取得更好的成效。首先，青年教师通过挂职锻炼和进修可以获取最新的科研成果和技术知识，为自己的教学和科研工作提供更丰富的素材和思路。其次，他们还可以将企业的实践经验和技术成果引入到课堂教学中，丰富教学内容，提高教学质量。最后，通过与企业的深度合作，学校可以加强科研成果的转化和应用，为地方经济发展和社会进步作出更大的贡献。

2. 聘请优秀专业的技术人才

（1）行业专家和企业技术人才作为兼职教师

聘请行业专家和企业技术人才作为兼职教师是为了将实践经验和专业技能带入课堂，为学生提供更具有实践性和应用性的教学内容和指导。这种做法可以极大地丰富教学资源，提升学生的实际操作能力和专项技能水平，形成工程经验和创新能力兼具的"双师型"队伍。

（2）提升学生实际操作和专项技能

通过聘请行业专家和企业技术人才作为兼职教师，学生可以直接从业界顶尖人士那里获取最新的实践经验和专业技能。这些专家和技术人才通常在自己的领域积累了丰富的经验和深厚的造诣，能够向学生传授最前沿的行业知识和实践技能。他们的加入可以帮助学生更快地掌握专业技能，提高实际操作水平，为未来的职业发展奠定坚实的基础。

（3）形成工程经验和创新能力兼顾的"双师型"队伍

聘请行业专家和企业技术人才作为兼职教师不仅可以提高学生的实际操作能力，还可以激发他们的创新潜能。这些专家和技术人才通常具有丰富的工程经验和创新能力，能够为学生提供实践项目的指导和支持，帮助他们在解决实际问题的过程中培养创新思维和创新能力。通过与这些专家的互动和交流，学生不仅可以学习到最新的行业动态和技术趋势，还可以受到他们的启发和激励，不断探索和创新，为行业的发展作出贡献。

第五章　立德树人在环境类专业实践中的体现

第一节　立德树人理念的内涵与要求

一、立德树人的基本内涵解读

立德树人是中国传统教育理念的重要组成部分，强调在学校教育中注重培养学生的品德修养、道德情操和社会责任感。这一理念强调学生的全面发展，既包括学术能力的提升，也包括道德品质的塑造。立德树人强调的是学生的品德修养，追求的是"德才兼备"的教育目标，旨在培养德、智、体、美、劳全面发展的社会主义建设者和接班人。

（一）相关概念

1. 立德

"立德"这一概念的出现最早可以追溯到《左传·襄公二十四年》这篇文章中，这篇文章中记录了范宣子与叔孙豹这二人对于立德、立功与立学的不同看法。叔孙豹在与范宣子的交流中，叔孙豹认为最上等的就是树立德业，其中"立德"是从道德操守这一角度阐释，强调高尚的品德修养的重要性。高尚的品格不仅能够提高自身的内涵，还能为后代提供效仿的榜样。在现代"立德"这一词语中所写的意思为树立德业，这与古代强调高尚的品德修养意思相近，都是注重道德的树立。可以看出的是，"立德"这一概念不论是在古代还是经历了五千年历史的洗涤，在中华文化中都占据了重要地位，对中华民族产生了重要的影响。新时代立德树人中的"立德"，继承了中华优秀传统文化中重视道德这一点，也结合了时代发展，在内容上有所创新，具有鲜明的意识形态属性。新时代"立德"包含了提升政治素养、加强思想修养、发扬精神品质、遵循道德品质这四个方面。

2.树人

"树人"的概念最早见于《管子·权修》。从管仲的观点出发，就是指培养出能够辅助君主治理天下、造福民众的有用之人。管仲关于"树人"这一概念的思想有非常丰富的内涵，其中不仅强调道德的培育，另外还包括实干以及终身教育等对教育发展具有重要意义较为前卫的教育理念。从词源来说，"树人"这一词中有两个部分，其一是"树"，其一是"人"。"树"这个字有动词与名词两种解释，在"树人"这一词中所采取的是"动词"的意思，即引申为树立或是培养，"人"则是名词的意义。将这两个字组合在一起，词源解释就是树立人或者是培养人。在现代社会，"树人"是讲究对人的能力的培育，以适应社会和国家的发展。树人的标准是以当前社会发展的实际需要为目标，培养一个社会需要、国家需要以及人民需要的德才兼备的人才。新时代"树人"的含义就是培养塑造出能够堪当中华民族复兴重任的时代新人，能够成为中国特色社会主义的建设者和接班人。

（二）立德与树人的关系

从历史发展来看，"立德"与"树人"这两个词是分开来论的，是两个相互独立的概念。随着时代的推移，现代社会中人们逐渐意识到这两个词并不应该独立来看，"立德"与"树人"这两个概念是辩证统一的，既相互独立，也相互补充。

1.立德是树人的前提与基础

在新时代，青年在获取知识和技能方面的优先任务是注重道德修养。成长为有益于社会和国家的人，道德品质是首要因素。优良的品德确保了个人的才智服务社会的价值。一个人的行为举止对社会的发展至关重要，因此，培养青年首先要注重品德修养，这样才能确保在追求个人理想的过程中不走偏门。

2.树人是立德的目的与归宿

"树人"是教育事业提出的更高目标，不仅仅是简单的立德。我们的最终目标是促进个体的全面、自由成长。在当今新时代，我们培养人才的目标必然包括全面发展。立德是实现"树人"这一更高目标的至关重要的一环，因此，它们之间不是简单的同等地位，而是一种递进关系。立德的终极目的是培养有道德修养的时代新人。

3.新时代立德树人是一个完整统一的范畴

在新时代，立德与树人被视作一个完整而统一的范畴。虽然它们在内涵上有所区别，但在教育领域中，它们之间存在着相互联系与促进的紧密关系，因此，它们具有内在的统一性。立德的最终目的是塑造符合时代要求的人格，而树人的目标则要求德行是首要且不可或缺的。在新时代的教育实践中，我们不仅追求培育德行，更要在此基础上培养全面发展的时代人才。从新时代教育发展的前进方向和原则来看，立德与树人两者是密不可分的，构成了一个不可分割的整体概念。

（三）立德树人的特征

立德树人根本任务是解决新时代教育现实问题的新思想、新论断，具有理论与实践的统一、历史与时代的统一、世界与民族的统一三方面的特征。

1. 立德树人是理论与实践的统一

立德树人始终坚持以马克思主义为指导，推动我国教育领域的全面深化改革，促进青年自身、国家以及社会的发展。在立德树人生成与发展的过程中，习近平总书记始终坚持马克思主义立场，并积极学习和掌握马克思主义基本理论及其中国化成果，从而确保了新时代立德树人的科学性与真理性。马克思主义拥有强大的生命力，这一生命力就表现在理论本身的革命性与科学性。中国共产党领导人自接受马克思主义理论以来，积极将本国实际同这一理论结合起来，并将理论应用于实践，指导国家发展前进方向。

2. 立德树人是历史与时代的统一

礼仪之邦是伴随着中华民族走过五千多年历史的标签，重视培育人的品性德行是重要的特点之一。立德树人科学继承中华优秀传统文化。中国古代弘扬良好的品德修养，这一重要的特征为新时代立德树人提供了丰富的养分来源。新时代的历史定位，给我们的教育领域展示了许多新的特点，立德树人旨在为国家发展、党的建设、社会的进步培养符合要求的时代新人。光有德行，是不能称为合格的建设者与接班人的，必须具备一定的能力，这就要求立德树人。进入新时代，教育事业的发展又有了新的要求，复杂多变的国际形势需要更多德才兼备的人才进行支撑，立德树人被新时代赋予了不同于以往的新内涵，具有鲜明的时代性。立德树人拥有浓厚的中华文化的历史底蕴，同时也是积极应对新时代、新问题的理论创新，体现了历史性与时代性的有机统一。

3. 立德树人是世界与民族的统一

立德树人的根本任务是重视理想信念以及爱国精神的培育，积极为国家实际发展培育符合要求的人才。在贯彻立德树人根本任务的具体行动中，我们格外重视吸收借鉴国外优秀的德育经验，也重视对马克思主义相关知识的学习和运用，对立德树人的内核不断补充完善，从而增广立德树人这一理论的实际适用范围。立德树人是新时代学科建设的重中之重，既兼顾了符合本国实际的民族性，又兼顾了吸收借鉴国外优良德育思想的世界性，做到了民族性与世界性的统一。

（四）新时代立德树人的理论依据

立德树人始终围绕着教育这一条主线，紧紧围绕着"培养什么样的人、为谁培养人、怎样培养人"这一主题对新时代教育实际问题作出解答。这一主线根植于马克思主义关于人的本质理论、马克思主义关于教育的理论以及马克思主义关于人的自由而全面发展的理论，发源于中华传统文化中的"以德立人"的教育思想；是对中华人民共和国成立以来的教育思想的高度凝练，也是对新时代教育学、心理学、思想政治教育学等相关学科的理论借鉴。

1. 教育教学依据

新时代立德树人的根本任务是为了促进教育领域的良好发展。为了克服教育领域中出现的重视智育而忽视德育，重视卷面分数而轻视人的培养的问题，就必须进行教育改革，贯彻落实立德树人根本任务的决策就是要将教育事业重新回归审视教育本真，从而实现教育事业的科学发展。新时代立德树人根本任务的提出就是基于现实的教育现象，针对教育问题，遵守教育规律与方法而作出的科学决策，教育学是立德树人理念的重要理论依据。

（1）针对重智轻德实际，坚持德育为先的原则

在面对重视智力而轻视道德的现实情况时，我们要坚持以德育为先的原则。道德的重要性不仅在于社会的进步与发展，也反映在个人的行为与思想中，因此，修身与立德成为首要任务。在立德树人的过程中，我们始终将德育摆在首位。贯彻德育为先的原则不仅需要依赖课堂教学，还需要善用校园文化和社会实践。我们应当将这三个主体统一起来，形成一个多方联动、一体化的育人平台。遵循"明大德、守公德、严私德"的要求，教育学生严格要求自己，积极践行并弘扬社会主义核心价值观。同时，我们还需要深化课程改革，注重解决大中小学之间的衔接问题，建立循序渐进的课程体系。将社会主义核心价值观融入学生日常教育的方方面面，促进社会主义核心价值观走进教材，融入课堂，潜移默化于学生心灵。校园文化也需要注重社会主义核心价值观的渗透。

（2）针对重分轻人实际，坚持育人为本原则

面对过分偏重分数而轻视学生个体的现实情况，我们要坚持以育人为本的原

则。在应对升学压力时，一些学校存在过分注重学生卷面成绩，而忽视了学生的全面成长和健康发展的问题，导致了许多学生在走向社会后出现了"高分低能"的现象。合理的教育应当在尊重教育和教学规律的基础上，充分重视学生个体，促进他们的健康成长和全面发展。这不仅是教育的责任，也是教育改革发展的实际出发点和落脚点。在实践中，要发现学生的优点，激励他们努力向上，追求青春理想。学校教育应当遵循教育规律，将育人与教学管理相结合，坚持正确的办学方向。在学校管理中，要真正赞扬真善美，惩治假丑恶，帮助学生树立正确的价值观和行为导向。

（3）针对引路人队伍建设，坚持提升师德

对于引领学生成长的教师队伍建设，坚持提升师德尤为重要。"当下的学生即未来实现中华民族伟大复兴中国梦的主力军，广大教师便是铸造这支中华民族'梦之队'的建设者。"提升师德水平是实现立德树人目标的关键之一，加强师德师风建设，需要坚持教书育人两者的有机统一。在开展教育实践过程中，不能只关注知识传授，而应关注学生个体的全面发展；言传身教必须同步，不仅要在课堂上进行言传，还需严格要求自己，时刻以教师身份自勉，并在实践中作为学生的楷模。

2. 其他相关学科的理论借鉴

新时代立德树人是一个系统性的工程，是针对新时代青年成长成才的具体安排。对于新时代好青年的培养，其中涉及的不仅包含着教育学这一学科，还有心理学、思想政治教育学、社会学等学科的理论借鉴。首先，做好学生心理与教育的载体建设，家庭、学校与社会齐头并进。迫于学术、升学、就业压力，一些学生会出现心理问题，这是社会中出现的普遍的问题。在学校的管理中，许多学校也都配置了学生心理咨询室，目的就是应对学生可能出现心理问题的情况。学生心理问题的解决，不仅是学校单方面有所作为就可以，还需要家长对学生的关注与理解，也需要社会对于青年的关心。新时代立德树人，是要培养健康成长成才的全面发展的人，这就需要建设好学生心理与教育的载体，家、校、社会"三位一体"，齐头并进，积极做好学生的教育工作。其次，培养社会主义合格的建设者与接班人需要加强思想品德的教育。新时代立德树人对学生的培养首先就是立德，思想品德教育是首要的工作。要做社会主义合格的建设者与接班人，首先需要明确的就是思想品德不错误。思想品德的建设就需要用到思想政治教育学科的理论知识。要用科学的理论武装青年的头脑，将理论转化为思想武器与堡垒，坚持正确的思想品德，坚持正确的发展道路。同时也要培养学生的民族自信心，做到"四个自信"、增强"四个意识"，将自己的个人理想与国家发展联系到一起，积极争做合格的接班人。最后，培养新时代青年需要训练其社会技能。青年最终是要离开学校，离开家庭，走入社会。在社会中，有严格的规则，每个人都要遵循这样的规则。在社会中，想要生存下来，就必须具备一定的社会能力。例如，社会调查、社会访谈等，这都需要对社会学知识进行了解，这也是学生应当学习的重要知识。社会技能在青年走进社会时能够对他们的言行进行指导，也会对他们未来的职业选择等产生影响。新时代立德树人不仅要运用到教育学、心理学知识，还需要理解与掌握社会学知识。

二、立德树人理念对高校教育的指导意义

立德树人是中国传统教育理念的核心之一，强调培养学生的品德修养、道德情操和社会责任感。这一理念不仅关注学生学术能力的培养，更注重培养学生的道德品质和社会责任感，旨在培养全面发展的社会主义建设者和接班人。

（一）立德树人提醒高校注重学生的品德修养

立德树人理念的重要性在于提醒高校教育者不仅要关注学生的学术成就，还要着重培养其品德。在高校教育中，培养学生的品德是至关重要的，因为良好的品德是一个人在社会中立足的基础。学生的品德修养不仅体现在他们的个人行为举止中，更体现在他们对待学习、工作和社会的态度和行为中。高校应通过课程设置、教学方法、校园文化建设等方面，着力培养学生的良好品德，使他们成为德、智、体、美、劳全面发展的人才。

（二）立德树人强调高校教育的社会责任

立德树人理念强调了高校教育的社会责任，即为社会培养合格的人才，推动社会的进步和发展。高校教育不仅是为了满足个人的发展需要，更是为了社会的繁荣和进步作出贡献。因此，高校应当将社会责任融入教育的方方面面，通过课程设置、科研项目、社会实践等方式，引导学生关注社会热点、参与社会实践，培养他们的社会责任感和使命感，让他们成为能够为社会发展作出贡献的栋梁之才。

（三）立德树人强调教育的长远目标

立德树人理念强调了教育的长远目标，即培养德、智、体、美、劳全面发展的社会主义建设者和接班人。高校教育应当立足长远，以培养社会主义建设者和接班人为己任，通过丰富多彩的教育教学活动，引导学生树立正确的人生观、价值观和世界观，提升他们的综合素质和创新能力，为实现中华民族伟大复兴的中国梦贡献智慧和力量。

三、立德树人要求在环境类专业中的具体体现

（一）环境类专业学生的道德品质要求

1. 诚实守信

在环境类专业中，学生首先应具备诚实守信的道德品质。环境保护工作涉及数据收集、实验结果报告等方面，学生应当诚实地记录和报告数据，确保数据的准确性和可信度。只有保持诚实守信，才能建立起良好的学术和职业声誉，为环境保护事业作出贡献。

2. 勇于担当

环境问题日益突出，需要有勇气和责任心去面对和解决。学生应当勇于承担起自己在环境保护中的责任，积极参与到环境治理和修复工作中去，为改善环境质量作出贡献。

3. 团结合作

环境保护是一项系统工程，需要多方合作才能取得成效。学生应当具备团队合作意识，与同学、老师以及社会各界合作，共同解决环境问题，实现可持续发展目标。

（二）环境类专业学生的社会责任感要求

1. 意识到环境工作的重要性

在环境类专业中，学生应当具备较高的社会责任感。他们需要意识到自己从事的环境工作对社会和人类的重要性，明白环境保护不仅是一项技术工作，更是关乎全人类福祉的责任。只有树立起这种社会责任感，才能够更加积极地投身到环境保护事业中去，为未来的可持续发展作出贡献。

2. 积极参与环境保护和可持续发展

具备社会责任感的学生应当积极参与到环境保护和可持续发展中去。他们可

以通过参与环保志愿活动、提倡节能减排、倡导绿色生活方式等，为环境事业贡献自己的力量。同时，他们还应当关注环境政策和法规的制定和执行，积极行使公民权利，监督环境保护工作的落实。

（三）环境类专业学生的职业道德要求

1.遵守行业规范

在环境类专业中，学生应当遵守行业规范，严格执行环境保护政策法规。他们需要熟悉环境保护领域的相关法律法规和行业标准，不断提升自身的法律意识和职业素养，规范自己的行为，做到合法合规地从事环境工作。

2.不断提升自身专业素养和综合能力

此外，环境类专业学生还应当不断提升自身的专业素养和综合能力。他们需要不断学习最新的环境科学知识和技术，保持与时俱进，提高解决环境问题的能力。同时，他们还应具备较强的综合能力，能够在复杂多变的环境中灵活应对各种挑战和问题，为环境保护事业作出更为有效的贡献。

第二节　环境类专业实践中的立德树人实践

一、环境类专业实践教学的立德树人特点

（一）注重实践能力和创新能力的培养

1.实践能力的培养

在环境类专业的实践教学中，重点是培养学生解决实际环境问题的能力。这一能力的培养需要通过多样化的实践活动来完成。例如，学生可能会参与到环境监测和评估项目中，通过实地调查和数据收集来了解环境状况，进而提出解决方案。这些实践活动不仅是理论知识的应用，更是对学生实际操作能力的锻炼。此外，还可以通过模拟实验来培养学生的实践技能。例如，模拟污染物扩散实验，可以让学生亲身体验环境监测的全过程，从而提高他们的实践能力。

2.创新能力的培养

环境类专业的实践教学不仅注重学生的实践能力，还着重培养他们的创新能力。环境问题的解决需要不断地探索和创新，因此学生需要具备创新思维和方法。在实践活动中，可以通过提供开放式的问题和挑战，激发学生的创新潜力。例如，

要求学生针对特定的环境问题提出创新的解决方案，并进行实地测试和验证。这种实践过程不仅能够培养学生解决问题的能力，还能够激发他们的创新意识，为未来的职业发展打下良好的基础。

3. 实践与理论的结合

环境类专业的实践教学强调实践与理论的结合，即通过实践活动来巩固和深化理论知识。在实践过程中，学生需要运用所学的理论知识解决实际问题，并通过实践的反馈不断调整和完善理论知识。这种理论与实践相结合的教学模式有助于加深学生对理论知识的理解，并提高其应用能力。例如，在环境影响评价实践中，学生需要运用所学的环境影响评价理论知识，并结合实地调查数据进行分析和评估，从而形成完整的评价报告。这种实践活动不仅能帮助学生理解理论知识的实际应用，还能够培养他们分析和解决问题的能力。

（二）强调道德品质和社会责任感的培养

1. 道德品质的培养

在环境类专业的实践教学中，培养学生的道德品质是至关重要的。环境保护工作涉及公共利益和社会责任，学生需要具备高度的道德素养来正确处理各种环境问题。为此，教育者可以通过案例分析和角色扮演等方式，引导学生思考环境保护工作中的伦理道德问题，从而培养他们的道德判断能力。例如，通过讨论环境污染责任认定案例，让学生了解环境污染者应该承担的责任，并思考如何平衡各方利益。这样的实践活动能够帮助学生树立正确的道德观念，为其未来从事环境保护工作奠定道德基础。

2. 社会责任感的培养

除了道德品质，环境类专业的实践教学还需要强调学生的社会责任感。学生应该意识到自己作为环境保护者的责任和义务，并积极参与到环境保护工作中。为了培养学生的社会责任感，可以组织学生参与到环境保护项目中，让他们亲身体验环境问题的严重性，并思考自己作为环境保护者应该承担的责任。例如，组织学生参与到环境清理行动中，让他们目睹环境污染对生态系统的破坏，并反思自己应该如何为环境保护事业贡献力量。这样的实践活动不仅能够提高学生的社会责任感，还能够激发他们的环保热情，促进其积极参与社会公益活动。

（三）全面提升学生的素质

1.团队合作能力的培养

在环境类专业的实践教学中，学生需要具备良好的团队合作能力，因为环境保护工作往往需要多方合作才能完成。为了培养学生的团队合作能力，可以通过分组项目和团队实践活动来进行。例如，组织学生参与到环境规划项目中，让他们分成小组，每个小组负责不同的任务，如调研、数据分析、方案设计等，通过团队协作完成整个项目。在这个过程中，学生需要相互沟通、协调合作，共同解决问题，从而提高他们的团队合作能力。

2.沟通与协调能力的培养

环境类专业的实践教学也重视学生的沟通与协调能力的培养。在环境保护工作中，学生需要与政府部门、企业、社会组织等多方利益相关者进行有效的沟通与协调，以达成共识并推动项目的实施。为了培养学生的沟通与协调能力，可以通过模拟演练和角色扮演等方式进行训练。例如，组织学生扮演不同利益相关者的角色，模拟环境保护项目的谈判和协商过程，让他们学会倾听、理解他人的立场，并寻求共同解决方案。这样的实践活动能够帮助学生提高沟通协调能力，为其未来的职业发展做好准备。

3.创新精神的培养

环境类专业的实践教学致力于培养学生的创新精神，使他们具备勇于探索、敢于创新的品质。在环境保护工作中，需要不断寻求新的解决方案和技术来解决复杂的环境问题。为了培养学生的创新精神，可以通过开展创新项目和科研活动来进行。例如，组织学生参与到环境技术研发项目中，让他们提出新的技术方案并进行实验验证，从而培养其创新思维和实践能力。这样的实践活动不仅能够激发学生的创新潜力，还能够为其未来的科研和创业奠定基础。

二、环境类专业实践中的道德教育与价值观培养

（一）引入相关案例和实践项目

1.引入经典案例

在环境类专业的实践教学中，教育者可以引入经典的环境保护案例，如水源污染事件、空气质量改善项目等。通过分析这些案例，学生可以深入了解环境问题对社会和个人的影响，以及环境保护工作的重要性和紧迫性。例如，可以引导

学生分析某地区水源污染事件的起因、影响以及解决方案，让他们认识到环境问题的复杂性和紧迫性。

2. 参与实践项目

教育者还可以组织学生参与到环境保护的实践项目中，让他们亲身体验环境问题，从而加深对环境保护工作的认识和理解。这些实践项目可以是环境调查、生态保护活动、社区清洁行动等。通过实践项目，学生可以直接感受到环境问题的现实性和紧迫性，从而更加珍视环境资源，树立正确的环境保护观念和价值取向。

（二）开展课堂讨论和实践指导

1. 课堂讨论

在课堂上，教育者可以组织学生就环境伦理和社会责任展开讨论，促进他们对环境问题的深入思考和交流。可以选取一些具有争议性和复杂性的环境案例，让学生从不同角度进行分析和讨论，引导他们思考环境保护工作中的道德和伦理问题。通过课堂讨论，学生可以互相启发，形成更加深刻的认识和理解。

2. 实践指导

在实践指导中，教育者可以针对学生参与的具体实践项目，对其进行个别指导和辅导。通过与学生的面对面交流，教育者可以帮助学生解决实践中遇到的困难和问题，并引导他们正确处理环境保护工作中的道德和伦理困境。例如，当学生在实践中面对环境保护与经济发展之间的矛盾时，教育者可以与他们进行深入讨论，引导他们找到平衡点，并形成正确的判断和决策。

（三）养成良好的职业道德和社会责任感

1. 案例教学

教育者可以通过案例教学的方式，向学生展示环境保护工作中的职业道德和社会责任感。可以选取一些典型的环境保护案例，如环境监测数据造假、环境污染责任推诿等，让学生分析其中的职业道德问题，并提出应对策略。通过案例教学，学生可以了解到环境保护工作中需要遵循的职业道德准则，从而养成良好的职业操守。

2. 角色扮演

教育者还可以组织学生进行环境保护领域的角色扮演，让他们模拟环境保护工作中的不同角色，如政府监管部门、企业环保部门、NGO组织等。通过角色扮演，学生可以深入体验不同角色的责任和义务，加深对环境保护工作的理解和认识。同时，教育者可以针对角色扮演过程中出现的道德和伦理问题进行引导和讨论，引导学生树立正确的社会责任感和职业道德观念。

三、环境类专业实践中的个人品质与社会责任培养

（一）注重个人素质的培养

1. 发展沟通能力

在环境类专业的实践教学中，学生需要具备良好的沟通能力，能够与团队成员、相关利益方和社会大众进行有效的沟通和交流。教育者可以通过项目设计和实践活动，创造各种沟通机会，例如，组织团队讨论、模拟演练和社区沟通活动等。通过这些活动，学生可以锻炼自己的表达能力、倾听能力和解决问题的能力，从而提高沟通效率和质量。

2. 培养领导能力

在实践活动中，学生有机会担任领导角色，带领团队完成任务。教育者可以通过分组项目和团队实践活动，让学生轮流担任团队领导，并提供相应的指导和支持。通过这样的实践，学生可以锻炼自己的领导能力，包括团队管理能力、决策能力和问题解决能力，从而培养出具有领导潜力的人才。

3. 培养团队合作精神

在环境类专业的实践教学中，团队合作是非常重要的。教育者可以通过组织团队项目和合作实践活动，培养学生的团队合作精神。例如，组织学生参与到环境调查和保护项目中，让他们分工合作、密切配合，共同完成任务。通过这样的实践，学生可以学会与他人协作、共同解决问题，培养良好的团队合作能力。

（二）培养社会责任感

1. 参与环保项目

教育者可以组织学生参与到各种环保项目中，让他们亲身参与到环境保护和可持续发展的实践中去。通过参与实践项目，学生可以深刻体验到环境工作的意义和价值，从而增强对环境保护事业的热情和责任感。例如，组织学生参与校园清洁活动、植树造林活动等，让他们感受到环境保护对社会和人类的重要性。

2. 培养环境保护意识

教育者可以通过课堂教学和实践活动，培养学生的环境保护意识，让他们意

识到环境问题的严重性和紧迫性。例如，通过展示环境污染和资源浪费的影响，让学生深刻认识到自然资源的宝贵和环境保护的重要性，从而激发他们的环保意识和责任感。

（三）促进创新精神的培养

1. 鼓励探索和实践

在环境类专业的实践教学中，教育者应当鼓励学生探索和实践，勇于尝试新的想法和方法。可以通过项目设计和实践活动，提供创新的空间和平台，让学生自由发挥想象力和创造力，寻找解决问题的新思路和新途径。例如，组织学生开展环境技术创新项目，鼓励他们提出新的环保技术和方法，从而培养出具有创新精神的环保人才。

2. 提供创新教育资源

教育者可以为学生提供丰富的创新教育资源，如创客实验室、科研项目和创业孵化平台等。通过利用这些资源，学生可以得到更多的创新启发和支持，从而更加勇于创新、敢于实践。同时，教育者还可以邀请行业专家和企业代表来校园分享创新经验和成功案例，激发学生的创新激情和创业梦想，促进创新精神的培养。

第三节　环境类专业学生的思想道德素养培养与评价

一、环境类专业学生思想道德素养培养的重要性

（一）涵养终身发展的基础

在环境类专业中，学生的思想道德素养承载着他们终身发展的基础。这一基础不仅是指在校期间的学习和实践，更是指学生未来职业生涯和社会角色的塑造。

1. 建立正确的环保理念

良好的思想道德素养有助于学生建立正确的环境保护理念。这种理念不仅局限于对环境问题的认识，更涉及学生对环境问题的态度和行为。通过培养正确的环保理念，学生能够树立环境友好、可持续发展的观念，形成终身受益的价值取向。

（1）环保理念的内涵

环保理念不仅包括对环境的爱护与保护，还涉及对于资源的合理利用、对于

生态平衡的维护、对于未来世代的责任担当等方面。学生需要从道德层面理解环保的重要性，认识到环境保护不仅是一项技术问题，更是一种道德责任。

（2）环保理念的培养途径

学校和社会可以通过开展专门的环保教育课程、组织环境保护主题活动、引导学生参与环保志愿服务等方式，培养学生正确的环保理念。这种培养不仅要注重理论知识的传授，更要注重情感态度的塑造和实践行动的引导，让学生在实践中逐步树立正确的环保观念。

2. 环保理念与职业发展的关系

学生的思想道德素养直接影响着他们的职业选择和发展。在环境类专业中，良好的思想道德素养有助于学生对环境问题有更深入的理解和更广泛的视野，从而在职业发展中更容易找到自己的定位，并为环保事业作出更大的贡献。

（1）职业发展的导向

良好的思想道德素养能够引导学生选择符合自身价值观和社会责任感的职业方向。环境类专业的学生在选择职业时，会更倾向于从事与环保相关的工作，如环境监测、环境规划、生态保护等，以实际行动践行自己的环保理念。

（2）职业发展的路径

具备良好思想道德素养的学生更容易在环保领域中获得认可和成功。他们能够通过持续学习和不断实践，不断提升自身的专业水平和道德品质，成为行业内的佼佼者，为环保事业的发展贡献力量。

（二）环境保护工作的重要保障

良好的思想道德素养是环境保护工作的重要保障，它不仅影响着学生个人的行为举止，更直接影响着整个社会的环境保护事业的发展。

1. 保持清醒的头脑和正确的价值取向

在环境保护工作中，面对各种环境挑战和困境，学生需要保持清醒的头脑和正确的价值取向。只有通过道德素养的引导，学生才能够在复杂的环境问题中作出理性的判断和积极的应对，不因外界利益的影响而迷失方向。

（1）面对挑战的态度

良好的思想道德素养能够让学生在面对环境挑战时保持乐观、积极的态度。他们能够以一种开放的心态接纳挑战，从挑战中寻找机遇，不断改进和完善环保工作的方法和策略。

（2）价值取向的引导

学校和社会需要通过各种教育手段，引导学生树立正确的价值观念。环保事业需要的不仅是技术手段的应用，更需要的是对生态平衡和社会责任的理解与尊重。通过对学生进行价值观的引导，可以促进其对环保事业的认同和投入。

2. 勇于承担社会责任，积极参与环境保护实践

在环境保护工作中，需要有足够的社会责任感和使命感。良好的思想道德素养能够使学生认识到自己作为环境保护者的责任，勇于承担起社会责任，积极参与环境保护实践。

（1）社会责任感的培养

学校和社会可以通过开展各类社会实践活动、志愿服务项目等方式，培养学生的社会责任感。这种责任感不仅体现在对环境问题的认识和关注上，更表现在实际行动中。学生参与社会实践活动，亲身感受到环境问题的严重性，从而激发起他们的社会责任感和环保意识。

（2）积极参与环境保护实践

良好的思想道德素养能够使学生积极参与环境保护实践。学生通过实践活动，不仅能够锻炼自己的能力和技能，更能够在实践中体会到环境保护事业的重要性和意义。他们愿意投入时间和精力，参与到各种环保项目和活动中，为环境保护事业贡献自己的力量。

二、环境类专业学生思想道德素养培养的方法与途径

（一）开展专门课程

在培养环境类专业学生思想道德素养方面，开设专门的课程是一种有效的途径。这些课程可以包括思想政治理论课程和道德教育课程，其教学内容和方法应当具有针对性和实践性。

1. 思想政治理论课程

在思想政治理论课程中，可以通过系统的教学内容，引导学生深入理解社会责任和职业道德的重要性。课程内容可以涵盖环境保护的理论基础、社会责任的内涵、职业道德的要求等方面，让学生从理论层面认识到自己作为环境保护者的责任与使命。

2. 道德教育课程

道德教育课程可以通过案例分析、角色扮演等方式，引导学生树立正确的社会责任观念和职业道德观念。通过讨论和分析具体的道德问题，让学生思考环境保护工作中可能面临的道德困境，培养他们正确处理复杂情境的能力和意识。

（二）参与社会实践

社会实践是培养学生思想道德素养的重要途径之一，通过参与志愿者活动、社会实践等形式，学生能够亲身体验社会责任的重要性，并增强对环境问题的责任感和使命感。

1. 志愿者活动

组织学生参与志愿者活动，可以让他们深入社区、学校等地方，开展与环境保护相关的志愿服务。通过实际行动，学生能够感受到环境保护工作的实际意义，增强对环保事业的认同感和参与度。

2. 社会实践

安排学生参与社会实践项目，让他们走出校园，到社会中去了解、体验环境保护工作的现状和需求。在实践中，学生可以与各界人士交流互动，拓宽视野，培养他们的社会责任感和团队合作精神。

（三）组织讨论与辩论

组织讨论、辩论和研讨活动是促进学生思想道德素养培养的有效方式，通过这些活动可以激发学生的思维，增强对环境保护工作的理解和认同。

1. 环境伦理与价值观的讨论

组织学生参与环境伦理和价值观的讨论，引导他们思考环境保护的价值取向和道德立场。通过讨论，学生能够从不同角度审视环境问题，形成自己的环保理念和行动准则。

2. 辩论与研讨活动

组织学生进行环境保护相关的辩论和研讨活动，可以锻炼他们的逻辑思维能力和表达能力，同时促进对环境保护工作的深入了解。在活动中，学生可以就环境政策、技术应用、社会影响等方面展开激烈的讨论，从而培养其批判性思维和创新能力。

三、环境类专业学生思想道德素养的评价与指标体系

（一）评价指标的建立

1. 道德品质

（1）正直

正直是指学生在面对环境问题时能够坚守真理、遵循道德准则，不做虚假、欺诈和不诚实的事情。在环境类专业中，正直的学生会勇于承担责任，不隐瞒、不掩盖环境问题的真相，而是敢于面对并寻求解决方案。

（2）诚信

诚信是指学生在与他人交往和处理环境问题时保持诚实守信的态度和行为。在环境保护工作中，诚信的学生会保证所提供的信息和数据的真实性和可靠性，不故意歪曲事实，确保环境保护工作的公正和透明。

（3）勇敢

勇敢是指学生在面对环境问题时能够坚定不移、勇于直面困难和挑战，敢于承担起自己的责任和义务。在环境类专业中，勇敢的学生会敢于发声，敢于站出来维护环境权益，不畏艰难，勇于探索解决环境问题的路径和方法。

2. 社会责任感

（1）环境问题关注程度

学生对环境问题的关注程度是反映其社会责任感的重要指标之一。具有高度社会责任感的学生会关心和关注环境问题的动态和发展趋势，积极参与环保活动，并努力为环境保护事业作出自己的贡献。

（2）积极参与环境保护活动

除了关注程度外，学生是否积极参与环境保护活动也是评价其社会责任感的重要标志。具有较强社会责任感的学生会积极主动地参与到环境保护项目、志愿者活动等实践中，为环境保护事业贡献自己的一份力量。

3. 职业道德水平

（1）专业知识水平

学生在环境保护工作中是否具备扎实的专业知识和技能是评价其职业道德水平的重要方面。具有良好职业道德水平的学生会不断学习和提升自己的专业能力，不断完善自己的环境保护理论和实践知识，以更好地为环境保护事业服务。

（2）职业操守

职业操守是指学生在从事环境保护工作中是否能够遵守职业道德规范，正确履行职业责任。具有良好职业操守的学生会秉持敬业精神，不做违背职业道德和法律法规的事情，始终以保护环境、造福社会为己任。

（二）评价方法

1. 学生自评

学生自评是评价环境类专业学生思想道德素养的重要方法之一。通过自评，学生可以对自己的道德素养进行深入反思和评价，从而认识到自身存在的优点和不足，并主动采取措施进行改进和提升。

在进行自评时，学生可以通过以下方式进行：

（1）反思自身行为

学生可以回顾自己在日常生活和学习中的行为举止，思考自己是否遵守了道德规范，是否做到了诚实守信、正直勇敢等品质。同时，学生还可以回顾自己参与的环境保护活动，思考自己在其中所展现的社会责任感和职业道德水平。

（2）分析他人评价

学生可以结合教师评价和同行评议的反馈，分析他人对自己道德素养的评价和看法。通过听取他人的意见和建议，学生可以更客观地认识到自己存在的问题，并寻求改进的途径和方法。

（3）制定改进计划

基于对自身的反思和他人评价的分析，学生可以制定具体的改进计划和目标。例如，针对自身存在的不足之处，可以设定相关的行动计划，如加强道德修养的学习、参与更多的社会实践活动等，以提升自己的思想道德素养水平。

2. 教师评价

教师评价是评价环境类专业学生思想道德素养的重要途径之一。教师作为专业人士和指导者，能够客观、全面地评价学生在课堂学习和实践活动中的表现，为学生的素质提升提供及时有效的反馈和指导。

在进行教师评价时，可以采取以下方式：

（1）课堂表现评价

教师可以通过观察学生在课堂上的言行举止、参与讨论和互动的情况，评价其思想道德素养的表现。例如，学生是否能够积极参与课堂讨论、表达自己的观点，是否能够遵守课堂纪律和规范等。

（2）实践活动评价

教师可以根据学生在实践活动中的参与程度、表现水平和成果贡献等方面进行评价。例如，学生是否能够主动参与环境保护项目、展现出较强的团队合作精神和责任意识，是否能够有效解决实践中遇到的问题等。

（3）提供建设性反馈

教师在评价学生思想道德素养时，不仅要客观公正地指出学生存在的问题和不足，还应当提供具体的改进建议和指导意见。通过及时有效地反馈，教师能够帮助学生认识到自己存在的问题，并指导其采取有效的措施进行改进和提升。

3. 同行评议

同行评议是评价环境类专业学生思想道德素养的另一重要方法。通过同行评议，学生可以相互交流、相互学习，从而提高自身的思想道德素养水平。

在进行同行评议时，可以采取以下方式：

（1）互相观察和反馈

学生可以相互观察和反馈对方在学习和生活中的表现。例如，学生可以关注对方的言谈举止、态度和行为，发现其中存在的优点和不足，并及时给予积极的反馈和建议。

（2）共同参与实践活动

学生可以共同参与实践活动，通过共同的实践经历来评价彼此的思想道德素养。在实践过程中，学生能够直接观察和感受到同伴的表现，包括他们的团队合作能力、责任担当以及对环境保护事业的关注程度，从而形成相互之间的评价和反馈。

（3）进行定期评估和讨论

学生可以定期组织评估和讨论会议，分享彼此的成长和进步，讨论在环境保护领域遇到的困难和挑战，共同探讨解决问题的方法和策略。通过这样的评估和讨论，学生可以相互激励和促进，共同提高思想道德素养水平。

3. 社会评价

社会评价是评价环境类专业学生思想道德素养的重要途径之一，也是其综合素质的重要体现。社会对学生在环境保护领域所作贡献的评价，反映了学生在社会责任感和职业道德方面的表现。

（1）专业组织评价

专业组织或相关机构可以对学生在环境保护领域的表现进行评价和认可。例如，学生参与的环境保护项目是否得到专业组织的认可和表彰，是否获得了相关的荣誉和奖项等。

（2）社会公众评价

社会公众对学生在环境保护领域所作贡献的评价也是重要的参考因素之一。通过社会媒体、网络平台等渠道，社会公众可以对学生的环境保护行为进行评价和反馈，形成舆论导向和社会共识。

（3）行业口碑评价

学生在环境保护领域的表现和成就会影响到所在行业的口碑和形象。行业内部专业人士对学生的思想道德素养进行评价，可以通过行业会议、研讨会等渠道进行交流和讨论，从而形成对学生的综合评价和认可。

（三）综合评价

综合考虑学生的学习成绩、参与实践活动的情况、获得荣誉和奖项的情况等多方面因素，全面客观地评价学生的思想道德素养水平。

1. 学习成绩评价

学习成绩是评价学生学习情况的重要指标之一，也是评价其思想道德素养的重要参考因素之一。学生在环境类专业的课程学习中，通过学习环境科学理论知识、掌握环境监测与评估技术、参与环境管理与规划等专业课程，可以体现其学术水平和专业素养。优秀的学习成绩表明学生具备良好的学习能力和自律能力，对于综合素质的提升具有积极意义。

2. 参与实践活动评价

参与实践活动是评价学生思想道德素养的重要途径之一。学生通过参与各种环境保护实践项目、志愿者活动等，展现出其对环境问题的关注度和参与度，表现出的责任感和使命感是评价其思想道德素养的重要标志。学生在实践活动中是否能够积极主动地解决实际问题、发挥团队合作精神、展现出创新能力等，都是评价其思想道德素养水平的重要指标。

3. 获得荣誉和奖项评价

获得荣誉和奖项是学生在环境保护领域所取得成就和认可的重要体现。学生通过参与环境保护项目、发表学术论文、获得科研成果等方式，获得相关荣誉和奖项，表明其在环境保护领域的专业能力和影响力得到了认可。获得荣誉和奖项不仅是学生个人的荣誉，也是学校和专业的荣誉，对于提升学生的自信心和职业发展具有重要意义。

第六章 环境类专业人才培养的现状与问题

第一节 环境类专业人才培养的现状与发展趋势

一、环境类专业人才培养的发展历程回顾

（一）环境类专业人才培养的起步阶段

环境类专业人才培养起步于 20 世纪 80 年代后期至 90 年代初期。这一时期，全球环境问题日益突出，环境保护意识逐渐兴起。在我国，对环境问题的认识开始深化，各级政府逐步重视环境保护工作。在这一背景下，环境类专业的培养成为当时的一个重要举措。

在起步阶段，环境类专业的培养主要以环境科学、环境工程等为主。学校逐渐建立了环境类专业的教学体系，设立了相关的专业课程和实验室。培养目标主要是为了解决环境污染治理和资源开发利用中的技术难题。学生在这一阶段主要接受理论知识的传授，重点学习环境问题的基本原理和技术方法，为将来从事环境保护工作奠定了基础。

（二）转型期：强调综合素质与社会责任

随着社会对环境问题认识的不断深化，环境类专业人才培养逐渐进入了转型期。这一阶段，教育者和社会开始意识到，仅掌握技术知识是不够的，更需要培养学生的综合素质和社会责任感。因此，培养目标开始向综合型、复合型和创新型人才的方向转变。

在转型期，教育者开始重视学生的综合素质和社会责任感的培养。不再只注重理论知识的传授，而是更加注重学生的实践能力、创新能力和团队合作精神。因此，教学内容和教学方法也得到了相应的调整和优化。学校开始开设更多的实践课程和社会实践活动，鼓励学生参与实践项目和社会服务，培养他们解决问题

的能力和担当社会责任的意识。同时，注重培养学生的综合素质，包括领导能力、沟通能力、团队合作能力等，以满足社会对于环境类专业人才的需求。

二、环境类专业人才培养的现状分析

（一）水平参差不齐的教育质量

第一，高校间教育质量的差异主要源于教学资源的配置不均。一些顶尖高校由于拥有丰富的教学资源和先进的教学设施，能够为学生提供优质的学习环境和多样化的教学内容。这些高校通常拥有领先水平的实验室设备、图书馆资源、科研平台等，能够为学生提供全方位的学术支持和实践机会。相反，一些地处偏远或教育资源匮乏地区的高校，由于经费限制和地域劣势，难以配置先进的教学设备和引进高水平的师资力量，导致教育质量参差不齐。缺乏良好的教学资源会直接影响到学生的学习体验和专业技能的培养，进而影响其毕业后的竞争力和职业发展。

第二，教育质量的差异还受到教师队伍的影响。优秀的教师是保障教育质量的关键因素之一。一些一流高校能够吸引到国内外优秀的环境领域专家和学者加入教学队伍，他们具有丰富的教学经验和前沿的学术视野，能够为学生提供高水平的教学内容和指导。然而，一些地区性高校或一些基层院校由于薪资待遇不佳或者地理位置的不利因素，难以吸引到高水平的教师，导致师资力量的匮乏。这种情况下，教师可能缺乏最新的学科研究成果和实践经验，无法为学生提供高质量的教学服务，教学效果和质量难以得到有效保障。

第三，教育质量的差异还与教育管理水平和教学模式的创新程度密切相关。一些高校在教学管理方面投入不足或管理不善，导致教学质量无法得到有效监控和提升。缺乏科学的教学管理制度和规范的教学管理流程，容易导致教学质量参差不齐，影响学生的学习效果和综合素质的培养。同时，一些高校仍然沿用传统的教学模式，过分注重理论教学，忽视了对学生实践能力和创新能力的培养。环境类专业的人才培养需要跨学科的综合能力和创新思维，但传统的教学模式往往局限于课堂教学和学科分隔，无法满足社会对于综合型、复合型人才的需求。因此，一些学生毕业后可能面临实践能力不足、适应能力差等问题，影响了他们在职场的发展。

（二）传统教育模式的挑战

传统教育模式主要以课堂教学和学科分隔为特征，过分强调理论知识的传授，而忽视了对学生实践能力和跨学科综合能力的培养。这导致了一系列问题的出现，包括学生的实践能力不足、适应能力差等，严重影响了他们在职场的竞争力和职业发展。

第一，传统的教育模式过分注重理论教学，而忽视了对学生实践能力的培养。在环境类专业中，学生不仅需要掌握理论知识，更需要具备实践操作的能力。然而，传统教育模式往往将教学重心放在课堂内部，学生的学习主要依赖于听课和阅读文献，缺乏实际操作的机会。这使得学生在毕业后面临着实践能力不足的问题，无法很好地适应实际工作中的需求和挑战。

第二，传统教育模式往往将不同学科进行划分和隔离，导致了跨学科综合能力的欠缺。在解决环境问题的过程中，需要综合运用多个学科领域的知识和技能，例如，环境科学、工程技术、社会学等。然而，传统教育模式往往将这些学科进行割裂，导致学生只能在各自的专业领域内进行学习，难以形成全面的综合能力。这使得毕业生在实际工作中面临解决复杂问题的能力不足，无法很好地应对跨学科的挑战。

第三，传统教育模式对于创新思维的培养也存在不足。解决环境问题需要有创新思维和创新方法，然而传统教育模式往往注重的是传统的知识传授和死记硬背，缺乏对学生创造性思维和创新能力的培养。这使得毕业生在面对复杂的环境问题时缺乏创新解决方案，影响了他们在职场中的竞争力和职业发展。

（三）就业形势的挑战

第一，专业对接不足是环境类专业毕业生就业面临的主要挑战之一。一些高校的课程设置与社会需求脱节，导致毕业生所学专业知识与实际工作岗位存在较大的差距。例如，一些高校可能过分注重理论知识的传授，而忽视了实践操作技能的培养，导致毕业生缺乏实际工作经验和应用能力。此外，随着环境领域技术的不断更新和行业的发展变化，部分高校的课程内容可能已经过时，无法及时跟上行业的最新需求，使得毕业生面临着就业市场上的竞争压力。

第二，就业岗位相对匮乏是环境类专业毕业生就业面临的另一个挑战。尽管环境保护行业的重要性日益凸显，但相比其他行业，该行业的就业岗位数量相对较少。环境保护行业的发展相对滞后，部分地区甚至存在着环境保护行业发展不均衡的情况，这导致了毕业生在就业市场上面临较大的竞争压力。尤其是一些新兴的环保领域，如可再生能源、环境监测与治理技术等，需要高水平的专业人才支撑，但相关岗位数量有限，使得毕业生就业更加困难。

第三，企业对环境类专业人才的需求不明确也是毕业生就业面临的挑战之一。一些企业在招聘环境类专业毕业生时，可能对其要求较高，包括具备丰富的实践经验、熟练掌握先进的技术手段、具备较强的解决问题的能力等。然而，由于一些高校教育质量参差不齐，部分毕业生可能缺乏这些方面的能力和经验，难以满足企业的招聘需求，从而增加了毕业生就业的难度。

三、环境类专业人才培养的发展趋势预测

（一）教育资源的优化与投入增加

1. 提升教学设施的现代化水平

随着社会对环境保护的重视程度不断提高，对于教学设施的现代化水平也将提出更高的要求。在这一背景下，高校将积极响应，加大对教学设施的投入，以打造更为先进、实用的学习环境。

第一，建设先进的环境监测实验室将成为高校提升教学设施现代化水平的重要方向之一。环境监测是环境类专业学生必备的实践技能之一，而实验室是学生进行实践操作的主要场所。未来的环境监测实验室将配备最新的监测设备和技术，涵盖大气、水、土壤等多个环境要素的监测内容，以满足学生在不同领域的实践需求。例如，通过引入先进的大气监测设备，学生可以学习并掌握空气质量监测、污染源排放监测等技术方法，为未来的环境保护工作做好充分准备。

第二，模拟环境工程实训基地的建设也将是高校提升教学设施现代化水平的重要举措之一。模拟环境工程实训基地可以模拟真实的环境工程场景，为学生提供更为真实、先进的实践环境。这些实训基地将涵盖环境监测、环境治理、污水处理、固体废物处理等多个方面，学生可以在其中进行各种环境工程项目的模拟设计、施工操作和效果评估，全面提升他们的实践能力和工程技术水平。例如，通过模拟污水处理厂的运行过程，学生可以深入了解污水处理技术和设备的运行原理，掌握相关操作技能，为今后从事环境工程设计和运营管理提供良好的基础。

第三，利用先进的技术设备和仿真平台也将成为未来高校提升教学设施现代化水平的重要手段之一。随着科技的不断进步，虚拟仿真技术已经在教育领域得

到广泛应用，为学生提供了更为真实、灵活的学习体验。未来的教学设施将引入虚拟仿真技术，为学生提供多样化的学习场景和实践项目。例如，通过虚拟环境监测平台，学生可以模拟不同环境条件下的监测操作，了解监测设备的使用方法和数据处理技术，提升其实践能力和技术水平。

2. 加强实验室建设

实验室作为环境类专业学生进行实践操作和科学研究的主要场所，其建设水平直接影响着教育质量和学生的技能培养。因此，加强实验室建设成为提升教学水平和培养高素质环境专业人才的重要举措之一。

第一，高校将加大对环境监测实验室的建设力度。环境监测是环境类专业学生必须掌握的基本技能之一，而实验室是他们进行监测技术学习和实践操作的关键场所。未来的环境监测实验室将引入最新的监测设备和技术，如先进的大气污染监测仪器、水质分析设备等，以满足学生在大气、水、土壤等不同环境要素的监测需求。通过实验室实践，学生能够熟练掌握各类环境监测技术和分析方法，提升其在环境保护领域的实践能力和专业水平。

第二，高校将注重提升环境工程实验室的建设水平。环境工程是环境类专业的重要方向之一，涉及污水处理、废物处理、环境修复等多个领域。未来的环境工程实验室将配备先进的工程设备和模拟系统，如污水处理设备、废物处理设施等，以模拟真实的工程场景，为学生提供实际操作和工程设计的实践机会。通过在实验室中进行环境工程项目的模拟设计和施工操作，学生将能够掌握工程技术的基本原理和操作技能，为未来从事环境工程设计和实践工作做好充分准备。

第三，高校还将加强环境模拟实验室的建设。环境模拟实验室是一种新型的实验教学平台，通过模拟真实的环境场景和变化过程，为学生提供更加灵活、多样的学习体验。未来的环境模拟实验室将结合虚拟仿真技术和实际操作，为学生提供多种环境场景的模拟实验，如气候变化模拟、污染物传输模拟等，以培养学生的实际操作能力和解决问题的能力。

3. 更新教学设备

教学设备的更新不仅是适应科技发展的需要，更是提升教育教学质量、培养学生实践能力的重要举措。未来，高校将加大对教学设备的更新力度，引进最新的教学技术和设备，以提供更丰富、更优质的学习体验。

第一，高校将重点引进虚拟仿真技术，以丰富和拓展学生的实践教学体验。

虚拟仿真技术是一种基于计算机技术的模拟现实场景的技术手段，可以将复杂的实验过程、工程场景等通过计算机软件模拟出来，使学生可以在虚拟环境中进行实验操作和工程设计，从而提高他们的实践能力和解决问题的能力。例如，通过引入虚拟实验平台，学生可以进行各种环境监测、环境工程设计等实验操作，无须依赖实际物理设备，既节约了成本，又提高了实验效率。

第二，高校将积极推广远程实验平台，以扩大学生的实践教学范围和机会。远程实验平台是利用网络技术将实验设备与学生所在地点连接起来，使学生可以通过远程操作控制实验设备。这种方式不仅可以解决实验设备资源不足的问题，还可以将实验教学延伸到更广泛的地域范围，让更多的学生参与其中。例如，通过远程实验平台，学生可以在不同地点进行实验操作，共享实验设备资源，拓展实践教学的边界，提高学生的实践能力和工程技术水平。

第三，高校还将注重引进智能化教学设备，以提升教学效率和质量。智能化教学设备是指利用人工智能、物联网等先进技术，为教学过程提供智能化支持和服务的设备。未来的教学设备将具有更强的数据处理能力和智能化功能，可以根据学生的学习需求和反馈自动调整教学内容和方式，提供个性化的学习体验。例如，智能化的实验设备可以根据学生的实验操作情况实时反馈数据和建议，帮助学生更好地理解实验原理和掌握实验技能。

（二）教学模式的多样化与实践能力的强化

1. 强调实践教学

学校将积极倡导并加强与企业、政府等单位的合作，组织学生参与各类实际环境保护项目的实践活动，涵盖环境监测、环境治理、环境影响评价等多个领域。通过这些实践活动，学生将有机会将所学的理论知识应用于实际工作中，从而提升其解决问题的能力和实践技能。

第一，学校将通过与企业和政府等相关单位的合作，开展实践教学项目。这些项目将针对当前环境保护领域的热点和难点问题，如大气污染治理、水质监测与治理、土壤修复等，组织学生参与到实际项目中去。例如，学生可以参与环境监测项目，利用先进的监测设备和技术，实地进行大气、水、土壤等环境要素的监测和采样工作，了解实际环境状况，并提出相应的解决方案。

第二，学校将注重实践教学的项目化和案例化。通过将理论知识与实际项目相结合，以项目驱动的方式推动学生的学习和实践。例如，学校可以组织学生参与环境影响评价项目，让他们深入了解项目的背景、目的、方法和结果，从而培养其分析问题、解决问题的能力。同时，学校还可以引入真实的环境保护案例，让学生通过分析案例、提出解决方案等方式，锻炼其综合运用知识解决实际问题的能力。

第三，学校还将积极推动实践教学与科研工作的融合。通过开展科研项目，引入前沿技术和方法，为学生提供更广阔的实践平台。例如，学校可以组建环境保护科研团队，由学生和老师共同参与，开展环境领域的前沿科研工作，培养学生的科研能力和创新意识。

2. 创新教学模式

第一，项目驱动的教学方式将得到更加广泛地应用。通过项目驱动的教学方式，学生将以项目为载体，通过实际的项目规划、实施和评估过程，学习和掌握环境保护领域的相关知识和技能。例如，学校可以组织学生参与环境监测项目的规划与实施，让他们亲身体验环境监测的全过程，从而培养他们的项目管理能力、实践能力和解决问题的能力。在项目实施过程中，学生将被要求进行团队合作，加强团队协作精神，培养团队合作意识和沟通能力。

第二，利用互联网和信息技术手段，开展在线教学和远程实践。随着互联网技术的不断发展，教育教学已经不再局限于传统的课堂教学模式，而是可以利用互联网平台进行在线教学和远程实践。学校可以借助网络平台和虚拟实验室，为学生提供更加灵活和便捷的学习方式。例如，通过在线课程和远程实验，学生可以随时随地进行学习和实践，拓展学习空间，提高学习的灵活性和自主性。同时，学校还可以利用信息技术手段，开展虚拟仿真实验，让学生在虚拟环境中进行实验操作和工程设计，培养他们的实践能力和创新意识。

第三，跨学科教学将成为未来环境类专业人才培养的重要特点之一。环境问题的解决需要跨学科的综合能力和创新思维，因此，学校将注重开展跨学科教学，打破学科之间的界限，促进不同学科之间的交叉融合和互相促进。例如，学校可以组织跨学科团队开展环境保护项目，让不同专业的学生共同参与，各尽所能，形成合力，从而培养学生的综合能力和跨学科思维能力。

3. 强化实践能力的培养

学校将以设计专业实践课程、组织实践活动和实习实训等方式为载体，系统性地培养学生的实践能力和工程实施能力，并注重培养他们解决问题的能力和创新思维，塑造他们成为具有高水平专业素养和创新能力的环境领域专业人才。

首先，学校将着重设计专业实践课程，将实践教学融入课程体系之中。通过设计具有针对性和实用性的实践课程，使学生在学习过程中能够直接接触到真实的环境工程案例和问题，培养他们解决实际问题的能力。例如，可以设置环境监测技术实训课程、环境工程设计实践课程等，让学生通过模拟实验和案例分析，掌握环境监测、规划和工程实施的相关技能。

其次，学校将组织丰富多样的实践活动，拓展学生的实践领域和实践经验。这些实践活动可以包括校内实验实训、校外实地考察、社会实践等多种形式，旨在让学生在实践中积累经验、提升技能。例如，学校可以组织学生参与环境保护项目的实地调研和实际操作，让他们亲身感受环境工程项目的实施过程，了解实践操作中的挑战与技巧。

另外，实习实训也将成为学生实践能力培养的重要环节。学校将与相关企业、政府机构等建立紧密合作关系，为学生提供优质的实习实训机会。在实习实训过程中，学生将有机会参与真实的环境工程项目，与行业内部人士进行交流互动，深化对专业知识和实践技能的理解和掌握，提升其实践能力和工程实施能力。

除了注重对学生实践技能的培养，学校还将重视培养学生解决问题的能力和创新意识。在实践教学中，学校将鼓励学生主动探索、勇于创新，引导他们在解决实际问题的过程中培养批判性思维和创新意识。例如，在实践项目中，学校将提供一定的自主空间，让学生自主选择解决方案并进行实践验证，从而锻炼其自主思考和创新能力。

（三）与社会需求的更好对接

1. 加强产、学、研合作

第一，高校将积极寻求与企业和政府的合作机会，建立起紧密的产、学、研合作关系。通过与企业合作，高校可以深入了解行业的最新需求和技术趋势，及时调整教学内容和培养目标，确保学生的专业知识与市场需求保持一致。同时，与政府合作，则可以更好地把握政策导向，深入参与环境政策的制定和实施过程，为学生提供更加广阔的发展平台和就业机会。

第二，高校将重视产、学、研合作项目的实施和成果转化。通过共同开展科研项目，高校可以与企业共同攻克环境保护领域的技术难题，提高科研水平和技术创新能力。同时，将科研成果转化为实际应用，为企业提供技术支持和解决方案，促进产业升级和经济发展。这不仅有利于提升提升学校的社会影响力和声誉，也为学生提供了更多的实践机会和就业选择。

第三，高校将加强产、学、研合作项目的管理和运营，确保项目的顺利实施和成果的充分发挥。通过建立专门的产、学、研合作机构或平台，统筹资源、协调合作，提高项目的执行效率和质量。同时，加强与企业和政府的沟通和协调，解决合作过程中的各种问题和困难，促进合作关系长期稳定的发展。

2. 强化实践教学的社会服务功能

第一，高校将通过开展实践项目和社会实践活动等形式，使学生直接参与到环境保护领域的实践工作中。学校将积极组织学生参与环境监测、环境评估、环境治理等实践项目，让他们在实际工作中学习和应用环境科学知识和技能。例如，学生可以参与地方环境监测项目，通过实地调查和数据分析，为当地政府提供环境数据支持，为环境治理决策提供科学依据。

第二，高校将与企业、政府和社会组织等各界建立长期合作关系，共同开展环境保护服务项目。通过与社会各界的合作，高校可以更好地了解社会对环境保护领域的需求，调整教学内容和实践项目设置，使学生的实践能力与社会需求更加贴合。例如，学校可以与环境保护企业合作，开展环境监测和环境治理项目，为企业提供环境技术支持和解决方案，促进企业的环保工作和可持续发展。

第三，高校还将开展环境保护宣传教育和示范工作，提升社会公众对环境保护的认知和参与度。通过环保主题的宣传活动、环境保护讲座和培训等形式，高校可以向社会传递环保知识，引导公众关注环境问题，共同参与环保行动。同时，学校可以开展环境治理示范项目，为社会提供环境治理的成功案例和经验，推动环境治理工作的开展和完善。

3. 增设实践基地和实习实训基地

第一，高校将加强校内实践基地的建设，包括环境工程实验室、模拟环境治理场地等。这些实践基地将配备先进的实验设备和技术，为学生提供模拟真实工作场景的机会。例如，环境工程实验室可以配备先进的环境监测设备和污染处理设施，让学生通过实际操作了解环境监测和治理技术的应用。

第二，高校将与企业、政府等单位进行合作，共同建设实践基地和实习实训基地。这些基地可以是企业的生产基地、政府的环境监测站等，学生可以在实习期间与企业员工或政府工作人员一起参与实际项目的实施和管理，深入了解行业运作机制和实际工作流程。通过与实际工作场景的接触，学生可以更好地理解专业知识的应用和实践技能的需求，为将来顺利就业奠定良好基础。

第三，高校还将注重对实践基地和实习实训基地的有效利用。通过合理规划和安排实践活动，确保学生能够充分利用实践资源，获取丰富的实践经验和技能培训。同时，高校还将加强对实践基地的管理和监督，确保实践环境的安全和设施的完善，为学生提供良好的实践学习环境。

第二节　存在的问题与挑战

一、传统教育模式的制约与局限

（一）偏重理论教学，实践能力和创新能力培养不足

1. 缺乏实践能力的培养机会

在传统的教育模式下，环境类专业人才往往只能在课堂上接受理论知识的传授，而缺乏足够的实践机会。这导致了学生在毕业后缺乏实际操作的经验，无法灵活运用所学知识解决实际环境问题。例如，学生可能对于如何在野外进行环境调查、样品采集、实验室分析等实践操作缺乏经验，这会影响他们在工作岗位上的表现。

2. 缺乏创新意识的培养

传统教育模式往往注重对已有知识的传授，但忽视了对学生创新意识的培养。在环境类专业中，需要不断探索新的环境治理方法、技术和方案，以应对日益复杂的环境问题。然而，传统教育模式未必能够有效培养学生的创新思维，使他们缺乏提出新颖解决方案的能力，导致在实际工作中可能无法应对各种复杂的环境挑战。

（二）滞后的教学方法与技术应用

1. 实验设备和技术水平不足

尽管一些学校引入了实验室实践课程，但实验设备和技术水平往往无法满足行业的最新需求。例如，在环境监测领域，新型的监测设备和技术不断涌现，然而部分学校的实验室设备仍然停留在较为落后的水平，无法为学生提供最新的实践体验和技术培训。

2. 缺乏现代教学方法的应用

传统教育模式往往局限于传统的教学方法，如课堂讲授和实验演示。然而，

现代教学方法的应用,如虚拟实验、仿真模拟等,可以为学生提供更加丰富多样、灵活性强的学习体验。但由于有限的教育资源或对教师培训不足,部分学校未能充分应用这些现代教学方法,导致学生的学习体验和教学效果受到一定程度的制约。

二、人才培养目标与社会需求的脱节

(一)缺乏对未来环境领域发展趋势的深入研究

1. 教育理念的固化问题

部分高校在人才培养目标的设定上受到传统教育理念的限制,无法及时调整以适应未来环境领域的发展趋势。这种固化的教育理念使得人才培养目标较为保守,缺乏对新兴技术和理念的前瞻性认知和应用。

2. 课程设置与实际需求脱节

部分高校的课程设置相对滞后,未能及时反映出环境领域的新兴需求和趋势。例如,一些新兴的环境监测技术和治理方法可能未被纳入课程体系,导致学生在毕业后面临技术和知识匮乏的问题。

(二)人才培养与社会需求脱节

1. 岗位需求与专业技能不匹配

一些高校在人才培养中过于强调理论知识的传授,而忽视了实际工作中所需的实践技能和行业经验。这导致毕业生在求职过程中面临岗位与专业不匹配的情况,难以胜任实际工作,使得就业市场供需不平衡。

2. 就业市场变化与人才培养滞后

随着环境保护领域的发展和变化,就业市场对环境类专业人才的需求也在不断变化。然而,一些高校的人才培养过程相对滞后,未能及时调整培养目标和内容,导致毕业生的就业能力与市场需求不匹配。这种供需不平衡也使得部分毕业生面临就业压力较大的情况。

三、教育资源配置与结构不合理

(一)教学资源配置不均衡,师资力量短缺

1. 财政投入不足导致师资力量短缺

一些高校由于财政投入不足或管理不善,无法招聘到足够数量和水平的专业

教师。这导致了教学资源分配不均衡，一些专业教师过于繁忙或者负担过重，无法有效地为学生提供个性化的指导和教学支持。

2.教学质量参差不齐

由于师资力量短缺，部分高校的教学质量参差不齐。一些教师可能缺乏最新的行业知识和教学方法，无法与行业发展同步。这种情况下，学生接受的教育质量无法得到保障，影响了他们的学习效果和未来的就业竞争力。

（二）教学设施滞后，影响教学效果

1.实验室设备老旧

一些高校的实验室设备可能过于老旧，无法满足最新环境监测技术和实验需求。这使得学生在实践操作中面临困难，无法真实地体验和掌握最新的环境监测方法和技术，影响了他们的实践能力和技能水平的提升。

2.图书馆和资料资源匮乏

部分高校的图书馆和资料资源也可能存在匮乏的情况。学生在进行学术研究或课程学习时，无法获得足够的参考资料和文献支持，限制了他们的学术水平和综合能力的提升。这种情况下，学校应该加大对图书馆和资料资源的投入，提升学生的学术研究和科研能力。

第三节　需要解决的关键问题与对策建议

一、完善课程体系与教学方法

（一）建立适应社会需求的环境类专业课程体系

1.增设与新技术、新理念相关的课程

在环境保护领域，新技术的不断涌现对专业人才的培养提出了新的挑战和需求。因此，为了使环境类专业学生跟上时代的步伐，学校应当积极增设与新技术相关的课程，以培养学生的实践能力和创新意识。

（1）环境监测技术

这门课程可以介绍环境监测的基本原理、方法和常用仪器设备，包括大气、水质、土壤等各个方面的监测技术。学生可以通过理论学习和实践操作，掌握各种监测技术的应用和操作技巧，为将来从事环境监测工作做好准备。

（2）环境信息技术

这门课程主要介绍与环境保护相关的信息技术和软件工具，如地理信息系统（GIS）、遥感技术、环境模拟软件等。学生可以学习如何利用这些技术手段进行环境数据的采集、处理、分析和可视化，为环境保护决策提供科学依据。

（3）环境工程技术

这门课程涵盖了环境工程领域的各个方面，包括污染治理技术、生态修复技术、资源利用技术等。通过理论学习和实践操作，学生可以掌握各种环境工程技术的原理和应用，为解决环境问题提供技术支持。

2. 跨学科的融合

第一，跨学科的融合为学生提供了更全面的视野。传统上，环境问题往往被理解为自然科学的范畴，强调对自然系统的观察和分析。然而，环境问题的根源和解决方案往往涉及人类的经济活动、社会制度以及法律体系等方面。通过引入环境经济学、环境法律等跨学科内容，学生可以深入了解环境问题背后的经济学原理、法律法规以及社会文化背景，从而更全面地把握问题的本质和复杂性。

第二，跨学科的融合有助于培养学生的综合分析能力。现实中的环境问题往往是多方面因素交织而成的复杂系统，单一学科的知识和方法往往难以完整地解释和解决这些问题。而跨学科的学习可以让学生从不同的学科视角出发，综合运用各种知识和方法对问题进行分析和评估，从而形成更为全面和深入地认识。例如，在应对气候变化问题时，不仅需要了解气候科学的基本原理，还需要考虑经济发展、能源政策、社会公平等因素，只有跨学科的分析才能够更好地制定综合性的对策。

第三，跨学科的融合有助于培养学生解决问题的能力。现实中的环境问题往往具有不确定性和复杂性，需要跨学科的知识和方法来应对。通过跨学科的学习，学生可以培养跨界思维和创新能力，从而更好地应对未来的挑战。例如，环境科学专业的学生通过学习环境法律可以了解到环境政策和法规的制定过程，从而在未来的实践中更好地遵循相关法规，保护环境资源。

第四，跨学科的融合有助于提升学生的竞争力。随着社会的发展，对于具备跨学科能力人才的需求越来越大。跨学科能力不仅可以提升学生在求职市场上的竞争力，还可以为其未来的职业发展打下良好基础。例如，具备环境经济学知识的人才在环境保护部门、环保企业以及国际组织等领域都有着广阔的就业机会，而且往往能够获得更高的职业发展空间和薪资待遇。

（二）注重实践教学和案例分析

1. 实践操作的重要性

（1）强调理论与实践的结合

在环境类专业的学习中，理论知识的学习只是第一步，真正地理解和掌握需要通过实践操作来实现。因此，应该将理论教学与实践操作相结合，使学生能够将抽象的理论转化为具体的实践技能。

（2）提供丰富的实践机会

为了加强学生的实践能力，学校应该提供丰富多样的实践机会。这包括组织实地考察、实验实践、实习实训等活动，让学生亲身参与到环境监测和保护工作中，从而真正掌握操作技能和解决问题的能力。

（3）培养实践能力和操作技能

通过实践操作，学生可以积累丰富的实践经验，提升实践能力和操作技能。他们可以学会如何正确使用各种仪器设备、如何采样和分析环境样品，以及如何处理在实际工作中遇到的问题，从而为将来从事环境保护工作打下坚实的基础。

2. 案例分析的应用

（1）培养解决问题的能力

案例分析是培养学生解决实际问题能力的有效途径。通过分析真实的案例，学生可以了解到环境保护工作中常见的问题和挑战，学会从多个角度思考和分析问题，提出合理的解决方案。

（2）将理论知识应用到实际工作中

通过案例分析，学生可以将在课堂上学到的理论知识应用到实际工作中。他们可以从案例中提取相关的理论知识，并运用到解决实际环境问题的过程中，从而加深对理论知识的理解和掌握。

（3）提高综合素质和实践能力

通过案例分析，学生不仅可以提高解决问题的能力，还可以培养综合素质和实践能力。他们可以学会如何分析问题、提出解决方案，并在实践中不断调整和完善，从而提高自己的专业水平和竞争力。

二、加强实践教学与专业能力培养

（一）加大对实践教学的投入

1. 建设先进的实验室和实训基地

学校应当加大对实践教学设施的建设投入，建设先进的环境监测实验室、环境工程实训基地等，以为学生提供真实的实践平台。这些实验室和实训基地应当配备最新的实验设备和技术工具，以满足学生对于实践操作的需求。

2. 提供真实的环境监测和工程实践平台

实践教学的关键在于提供真实的环境监测和工程实践平台，让学生能够在真实环境中进行实践操作。通过模拟真实场景的实验和项目，学生可以更好地理解理论知识，并将其应用到实际工作中，从而提高其专业能力和实践经验。

（二）拓展学生的实践平台

1. 与企业、政府等单位合作

学校应当积极与企业、政府等单位合作，开展实践项目和实习实训活动。通过与社会各界的合作，学生可以接触到真实的工作项目和任务，了解行业的最新动态和发展趋势，提升其专业素养和实践能力。

2. 提供更广阔的实践机会

为了拓展学生的实践平台，学校可以组织学生参与各类实践活动，如实地考察、参观实习、社会调研等。这些实践活动可以帮助学生拓宽视野，增强实践能力和综合素质，为其未来的就业和发展打下坚实基础。

三、拓宽人才培养路径与就业渠道

（一）加强产、学、研结合的人才培养模式

1. 建立产、学、研合作机制

学校应与企业、政府等社会各界建立紧密的产、学、研合作机制，通过共建实验室、开展科研项目等方式，实现校企深度融合。这种合作模式可以让学生在校期间接触到真实的工作环境和项目，培养其实践能力和创新意识。

2. 开展产业导向的项目

学校可以根据行业需求和科研方向，开展与企业合作的产业导向项目。通过参与这些项目，学生可以学习到实际的工程技术和管理经验，为未来就业做好充分准备。

（二）拓宽学生的就业渠道

1. 开展就业指导和职业培训

学校应当加强就业指导和职业培训，为学生提供就业技能培训和职业规划指导。通过举办就业讲座、模拟面试等活动，帮助学生了解就业市场的需求和趋势，提升其就业竞争力。

2. 建立校企合作基地和实习基地

学校可以与企业合作建立校企合作基地和实习基地，为学生提供实习和就业机会。这些基地可以为学生提供实践锻炼的平台，让他们在实际工作中学习到更多的知识和技能，增强其就业能力。

第七章 环境类专业实践思政育人模式的构建

第一节 实践思政育人模式的基本原则

一、教育教学一体化原则

（一）课程整合与跨学科融合

1. 课程整合的重要性

课程整合旨在将不同学科领域的知识与技能融合到一个整体的教学体系中，以提供更为全面和综合的学习体验。在环境类专业中，这意味着将环境科学的核心课程与思想政治教育课程相结合，使学生不仅具备专业知识，还具备思想道德素养。例如，环境科学课程可以通过案例分析和讨论，引导学生从伦理、社会责任等角度思考环境问题，从而提高其环境问题的思想性和深度。

2. 跨学科融合的意义

跨学科融合是指在教学过程中将不同学科领域的知识和方法有机地结合起来，以解决复杂问题。在环境类专业中，跨学科融合可以帮助学生更全面理解环境问题，并培养跨学科思维能力。例如，引入环境经济学、环境法学等跨学科内容，可以让学生了解环境问题的经济学原理和法律法规，从而为其未来的实践提供更为全面和深入的支持。

（二）实践活动与思政教育融合

1. 实践活动的意义

实践活动是教育教学一体化的重要环节，通过组织各类实践活动，可以让学生在实践中加深对环境问题的认识和思考。例如，环境保护实习、社会调查研究等活动可以让学生亲身参与环境保护工作，增强其实践能力和责任感。

2. 思政教育的融入

在实践活动中，思政教育应该作为贯穿始终的主题，引导学生从思想层面审视实践活动的意义和价值。例如，通过组织环保志愿活动，不仅可以提升学生的环保意识，还可以引导他们将环保精神与社会责任感相结合，实现自我成长与社会责任的统一。同时，思政教育也应该在实践活动中贯穿全程，引导学生树立正确的人生观和价值观，促进其全面发展和为社会做作出贡献。

二、理论与实践相结合原则

（一）理论知识与实践技能相互渗透

1. 理论知识的渗透

在环境类专业的教学中，理论知识的传授是学生获取专业素养的基础。例如，在环境监测与评价课程中，教师可以向学生介绍各种环境监测方法的理论原理，包括仪器操作、数据采集与分析等。这些理论知识的传授不仅可以帮助学生理解环境问题的本质，还能够为后续的实践活动奠定坚实基础。

2. 实践技能的培养

理论知识的传授应该与实践技能的培养相结合。通过组织实地实践活动，如野外考察、实验操作等，学生可以亲身参与环境监测与评价工作，掌握实践技能。例如，学生可以使用各种环境监测仪器进行现场测试，并学习数据处理与分析技能。这种实践活动的开展不仅可以增强学生的实践能力，还可以促进其对理论知识的理解和运用。

3. 相互渗透的实践教学

在实践教学过程中，理论知识与实践技能应该相互渗透，实现理论与实践的有机结合。例如，在环境监测与评价实践课程中，教师可以将理论知识与实践技能有机结合起来，引导学生通过实地操作和数据分析，理解监测方法的理论基础，并将其运用到实际工作中。这种相互渗透的实践教学可以提高学生的学习动力和实践能力，促进其对环境问题的深入理解和解决能力的提升。

（二）理论研究与实践创新相辅相成

1. 理论研究的重要性

在环境类专业教育中，理论研究是推动学科发展和解决环境问题的关键。通过理论研究，可以深入探讨环境问题的本质和规律，为实践活动提供理论支撑。

例如，学者可以通过文献调研和实验研究，探讨环境污染的成因和影响机制，为环境治理提供科学依据。

2. 实践创新的重要性

除了理论研究，实践创新也是推动环境问题解决的重要途径。通过实践创新，可以探索解决环境问题的新方法和新技术，促进环境治理工作的进步。例如，学生可以通过实践活动，开展环境监测技术的改进和优化，提高监测数据的准确性和可靠性。

3. 相辅相成的研究与创新

理论研究与实践创新应该相辅相成，共同推动环境类专业的发展和进步。例如，学者可以通过理论研究，提出环境治理的新理论和方法，并通过实践验证其可行性和有效性。同时，学生可以通过实践创新，将理论知识应用到实际工作中，不断改进和完善环境治理技术和方法。这种理论研究与实践创新的相辅相成可以促进环境类专业的发展，为解决环境问题提供更加有效的途径和方法。

三、个性化与全面发展原则

（一）个性化学习与多元发展

1. 个性化学习的实施

个性化学习的实施需要针对学生的个体差异和学习需求，提供定制化的教育服务。在环境类专业中，个性化学习可以通过以下方式实现。

（1）设置不同难度和内容的选修课程

针对学生的兴趣和职业发展方向，设置不同难度和内容的选修课程。例如，对环境监测技术感兴趣的学生，可以设置高级环境监测课程，涉及更深层次的监测技术和方法；对于对环保政策感兴趣的学生，则可以设置相关的法律课程，帮助其了解环保法律法规和政策实施情况。

（2）提供个性化导师指导

为学生配备个性化的导师，根据学生的学习需求和兴趣，制定个性化学习计划，并在学习过程中给予及时的指导和建议。导师应该了解学生的学习特点和发展需求，为其提供个性化的学习支持。

（3）开展个性化实践项目

鼓励学生参与个性化的实践项目，拓展其实践能力和专业技能。这些实践项目应该与选修课程相配套，让学生将理论知识应用到解决实际问题中，从而提高其实践能力和解决问题的能力。

2. 多元发展的促进

多元发展是培养学生全面素质的重要途径，不仅注重学术能力的培养，还关注学生的实践能力、创新意识和综合素质的提升。在环境类专业教育中，可以通过以下方式促进学生的多元发展。

（1）丰富多彩的实践活动

组织学生参与各类实践活动，包括社会实践、科研项目、实习实践等。这些实践活动可以帮助学生将理论知识与实际问题相结合，提高其实践能力和解决问题的能力。

（2）鼓励学生参与学术交流和竞赛活动

组织学生参加学术会议、论文发表、学科竞赛等活动，拓展其学术视野和交流能力。这些活动不仅可以提高学生的学术水平，还可以培养其团队合作和创新意识。

提供综合素质培养课程：设置综合素质培养课程，包括领导力培养、团队合作、沟通技巧等方面的内容。这些课程可以帮助学生全面发展，提高其综合素质和竞争力。

3. 效果评估与持续改进

实施个性化学习和多元发展策略后，需要进行效果评估和持续改进，以确保教育目标的实现。评估可以从学生学习成绩、参与实践活动的情况、毕业生就业情况等方面进行，及时发现问题和不足，并采取相应的改进措施，不断提升教育质量和学生满意度。

（二）德育与智育相统一

1. 德育的重要性

德育在环境类专业教育中扮演着至关重要的角色。它不仅是培养学生健全人格的重要途径，更是塑造他们正确世界观和价值观的关键。以下是德育的重要性的一些方面。

（1）树立正确的人生观、价值观和道德观

德育旨在引导学生树立正确的人生观、价值观和道德观，使他们具备正确的行为准则和道德观念，能够在日常生活和职业发展中作出正确的选择和决策。

（2）提高社会责任感和公民素质

通过开展思想政治教育和德育活动，可以培养学生的社会责任感和公民素质，使他们更加关注社会问题，勇于承担社会责任，积极参与公益活动，为社会发展贡献力量。

（3）培养团队合作和领导能力

德育也包括培养学生的团队合作和领导能力，使他们具备良好的人际关系和团队合作能力，在团队中发挥领导作用，推动团队共同发展。

2. 智育的重要性

智育是环境类专业教育的另一重要任务，其目的在于培养学生的学科知识和专业技能，提高其专业素养和竞争力。以下是关于智育的重要性的具体内容。

（1）掌握专业知识和技能

智育旨在帮助学生掌握环境科学的基本理论和方法，了解环境问题的本质和解决方法，具备分析和解决环境问题的能力。

（2）提升实践能力和创新意识

通过开设专业课程和实践活动，可以帮助学生提升其实践能力和创新意识，使他们能够将理论知识应用于解决实际问题中，并提出具有创新性的解决方案。

（3）促进科研项目和创新实践

智育还包括引导学生积极参与科研项目和创新实践，培养其科研能力和创新精神，为其未来的学术研究和职业发展打下坚实基础。

3. 德育与智育的统一

德育与智育应该相辅相成，共同推动学生全面发展。为了实现德育与智育的统一，在环境类专业教育中可以采取以下措施。

（1）设置综合素质培养课程

设立综合素质培养课程，包括德育和智育的内容，旨在培养学生的综合素质和能力，如领导力、团队合作能力、社会责任感等。

（2）开展导师制度

通过建立导师制度，导师可以在学术上和德育上对学生进行全面指导和帮助，引导他们在学习和实践中作出正确的选择和决策。

（3）组织综合实践活动

组织学生参与综合实践活动，既包括学术科研项目，也包括社会公益活动，让学生在实践中既能提升专业能力，又能培养社会责任感和公民素质。

第二节　环境类专业实践思政育人模式的框架构建

一、思政教学思路与目标

围绕人类—环境系统的发展及环境问题，将生态文明思想、美丽中国建设、人类命运共同体等理念融入课堂教学中，通过对不同阶段人类—环境系统关系发展演变的分析，揭示人类与环境系统关系的实质，阐明二者发展演变的"冲突点"与"和谐点"，启发学生心智，引导学生正确处理人类与自然环境的关系，树立生态文明观，自觉树立和践行"绿水青山就是金山银山"的思想，将建设生态文明、建设美丽中国内化为自身的理念与实践。具体思政教学目标如下。

（一）问题导向的学习

问题导向的学习是指以现实生活中的问题为切入点，引导学生进行思考和探索，从而深入理解问题的本质和解决方法。在思政教学中，问题导向的学习可以帮助学生了解当前人类面临的主要环境问题，并培养其通过思考揭示问题本质的能力。具体目标包括：

1. 了解主要环境问题

当前，人类面临着诸多严重的环境问题，这些问题不仅对人类社会和经济发展造成了影响，也对自然环境和生物多样性产生了严重破坏。深入了解这些主要环境问题，对于培养学生的环境意识和解决问题的能力至关重要。

（1）气候变化

气候变化是当前全球面临的最严重的环境问题之一。主要表现为全球平均气温上升、极端天气事件增多等。导致气候变化的主要原因是人类活动产生的温室气体排放，如二氧化碳、甲烷等。气候变化对人类社会和自然环境的影响十分广泛，包括海平面上升、极端天气事件增多、生态系统失衡等。

（2）生物多样性丧失

生物多样性丧失是当前全球范围内的另一大环境问题。主要表现为物种灭绝速度加快、生态系统退化等。生物多样性丧失的原因包括人类对自然环境的过度开发利用、生物入侵、栖息地破坏等。生物多样性丧失对生态系统的稳定性和功能造成了严重影响，威胁着人类的生存和发展。

（3）资源枯竭

资源枯竭是人类社会面临的另一个重大挑战。主要表现为能源、水、土地等资源的过度开发和消耗，导致资源供给不足和环境恶化。资源枯竭的原因包括人口增长、工业化进程加快、不可持续的生产和消费方式等。资源枯竭不仅影响了人类的生活质量和经济发展，也给生态环境带来了严重破坏和压力。

（4）其他环境问题

除了以上主要环境问题外，还存在诸如水污染、土壤退化、空气污染、垃圾围城等一系列环境问题，都对人类社会和自然环境造成了严重影响。

2. 分析问题本质

当前环境问题的复杂性和严重性需要我们深入思考和分析，揭示其根源和本质。通过对经济、社会和政治因素的综合分析，我们可以更好地理解环境问题的背后驱动力，为制定解决问题的途径和策略提供指导。

（1）经济因素

经济活动是导致许多环境问题的重要原因之一。现代工业化和城市化进程加速了资源的消耗和能源的排放，导致大气、水体和土壤污染加剧，生态系统退化。资本主义经济体制下的利润追求导致了不可持续的资源开发和环境破坏，企业为了降低成本和提高竞争力，往往忽视了环境保护的重要性。此外，消费主义的盛行也加剧了资源浪费和环境负担，使环境问题愈发严峻。

（2）社会因素

社会因素是环境问题产生和加剧的重要原因之一。人口增长、城市化进程、消费习惯等社会现象都对环境产生了直接或间接的影响。人类的生产、生活和消费行为对环境资源造成了巨大压力，过度开发和利用导致了生态系统的崩溃和生物多样性丧失。同时，社会不公平和贫富差距也使得环境问题的解决更加困难，环境负担往往由社会中较为弱势的群体承担。

（3）政治因素

政治因素在环境问题中发挥着至关重要的作用。政府的政策、法律和治理能力直接影响着环境保护和资源管理的效果。缺乏有效的环境监管和执法机制，以及政府部门之间的利益冲突和协调不足，都成为环境问题得不到有效解决的阻碍因素。同时，国际政治关系的复杂性也影响着全球环境治理的进程，环境问题往往涉及跨国界和跨地区的合作和协调，需要政治意愿和国际合作。

3. 启发学生思维

问题导向的学习是一种有效的教学方法，可以激发学生的思维，培养其分析问题和解决问题的能力，特别适用于环境问题教育与学习。通过引导学生探索和思考环境问题，从不同角度去分析、解决问题，可以提高学生对环境问题的认识和理解，培养其环境意识和解决问题的能力。

（1）提出具体问题

问题导向的学习首先需要提出具体而有挑战性的问题，激发学生的好奇心和求知欲。例如，可以提出气候变化对极端天气事件的影响是什么？生物多样性丧失如何影响生态系统稳定？资源枯竭如何导致社会经济发展受阻？这些问题既能引发学生的兴趣，又能引导他们深入思考环境问题的根源和影响。

（2）引导学生探索分析

一旦问题提出，教师可以引导学生进行深入地探索和分析。通过引导学生收集相关资料、阅读相关文献、开展实地调查等方式，帮助他们理解问题的背景和复杂性。同时，鼓励学生从不同角度思考问题，运用系统思维和跨学科的知识，分析问题的根源和本质。

（3）激发学生创新思维

问题导向的学习也可以激发学生的创新思维。教师可以鼓励学生提出自己的见解和解决方案，引导他们进行讨论和交流，促进思想碰撞和知识共享。通过启发学生提出新颖的观点和创造性的解决方案，培养其创新意识和解决问题的能力。

（二）辩证分析能力的培养

辩证分析是唯物主义辩证法的基本原则之一，强调对事物的全面、深入和发展性地认识。在思政教学中，通过辩证分析人类与自然环境系统的相互作用，可以帮助学生辩证地分析人类与自然环境的关系发展演变的"冲突点"与"和谐点"。具体目标包括：

1. 了解人类与自然环境的相互作用

学生首先应该了解人类与自然环境之间的相互作用关系。这包括人类活动对环境的影响，如工业化、城市化、农业活动等导致的资源消耗和环境污染，以及环境对人类的影响，如气候变化、自然灾害等对人类生存和发展的影响。通过深入了解这些相互作用关系，学生可以认识到人类与环境之间的紧密联系，并意识到自己的行为对环境的影响。

2. 辩证分析关系的发展演变

学生应该能够辩证地分析人类与自然环境关系发展演变的历史进程。这包括从人类历史的角度探讨人类对环境的利用和改造过程，以及环境变化对人类社会的影响。学生需要理解这一过程中的矛盾和冲突，如经济发展与资源消耗之间的矛盾，人类活动与生态系统稳定之间的冲突等。通过辩证地分析这些矛盾和冲突，学生可以认识到环境问题的复杂性，并思考如何解决这些问题。

3. 启发学生思考

通过辩证分析，教师可以启发学生思考人类与自然环境关系的发展规律和趋势。学生应该能够从历史和现实的角度思考人类与环境的关系，探讨如何实现人类与自然环境的和谐发展。同时，学生也应该能够运用辩证思维和创新意识，提出解决环境问题的新思路和新方法，促进环境保护和可持续发展。

（三）理解美丽中国建设与人类命运共同体理念

在思政教学中，深入理解这两个理念的内涵与意义，对于培养学生的环保意识和可持续发展理念至关重要。

1. 理解美丽中国建设的内涵

美丽中国建设不仅是环境保护，更是生态文明建设的重要内容。学生应该深入理解美丽中国建设的内涵，包括以下几个方面：

（1）生态文明建设：美丽中国建设旨在实现生态文明建设，通过改善环境质量、保护生态系统、提高生态环境治理能力等手段，实现人与自然的和谐共生。

（2）生态环境保护：美丽中国建设强调保护自然生态环境，维护生物多样性，预防和治理环境污染，保障人民群众的生态安全。

（3）人居环境改善：美丽中国建设还包括改善人居环境，提升城市和乡村的环境质量，创造宜居宜业的生活空间。

2. 认识人类命运共同体理念

人类命运共同体理念强调人类命运与自然环境命运密不可分，提倡跨越国界、种族和信仰的全球合作共同体，推动构建人类命运共同体的重要性。学生应该认识到以下几个方面：

（1）全球性挑战：人类共同面临气候变化、环境污染、生物多样性丧失等全球性环境问题，必须共同应对。

（2）合作共赢：人类命运共同体理念强调合作共赢的精神，各国应该相互支持、携手合作，共同推动全球环境治理和可持续发展。

（3）责任与义务：作为地球公民，每个人都应该承担起保护环境、促进可持续发展的责任和义务，为子孙后代留下一个美好的家园。

3.教育意义与目标

通过深入理解美丽中国建设和人类命运共同体理念，可以培养学生的环保意识、责任感和全球视野，引导他们积极参与环境保护和可持续发展实践。具体目标包括：

（1）树立环保意识：学生应该意识到环境问题的严重性，自觉行动起来，为美丽中国建设和人类命运共同体的实现贡献力量。

（2）践行可持续发展理念：学生应该积极倡导和践行可持续发展理念，促进经济社会的协调发展，实现人与自然的和谐共生。

（3）全球视野与责任感：学生应该树立全球视野和责任感，关注全球环境问题，积极参与国际合作，推动构建人类命运共同体的实现。

二、教学内容及方法设计

生态文明观教育以人与自然环境系统的发展及环境问题为主题，具体讲授以下内容：第一，原始文明时期的崇拜自然——原始环境问题；第二，农业文明时期的顺从自然、改造自然——"第一次浪潮"的环境问题；第三，工业文明时期的征服自然——"第二次浪潮"的环境问题；第四，信息文明时期的和谐自然——"第三次浪潮"的环境问题。

围绕以上内容，教学设计如图7-1所示。采用问题驱动式，在教学内容中通过融入合理的思政元素，阐明生态文明观及其意义。教学内容分为3个层次，分别采用相应的教学方法。首先，围绕主题抛出问题，引导学生思考。可以利用一些影响较大的全球性环境案例引出问题，例如新冠肺炎疫情就是最好的问题式案例。其次，采用线上线下混合式主题教学，在线下课堂讲授的基础上，利用学习通APP进行在线讨论并回答前述问题，再围绕主题设置4~5个选择、填空等题目进行在线测验。最后，以小组讨论形式引领学生深入思考当前我国在生态文明建设、美丽中国建设过程中的政策和措施。

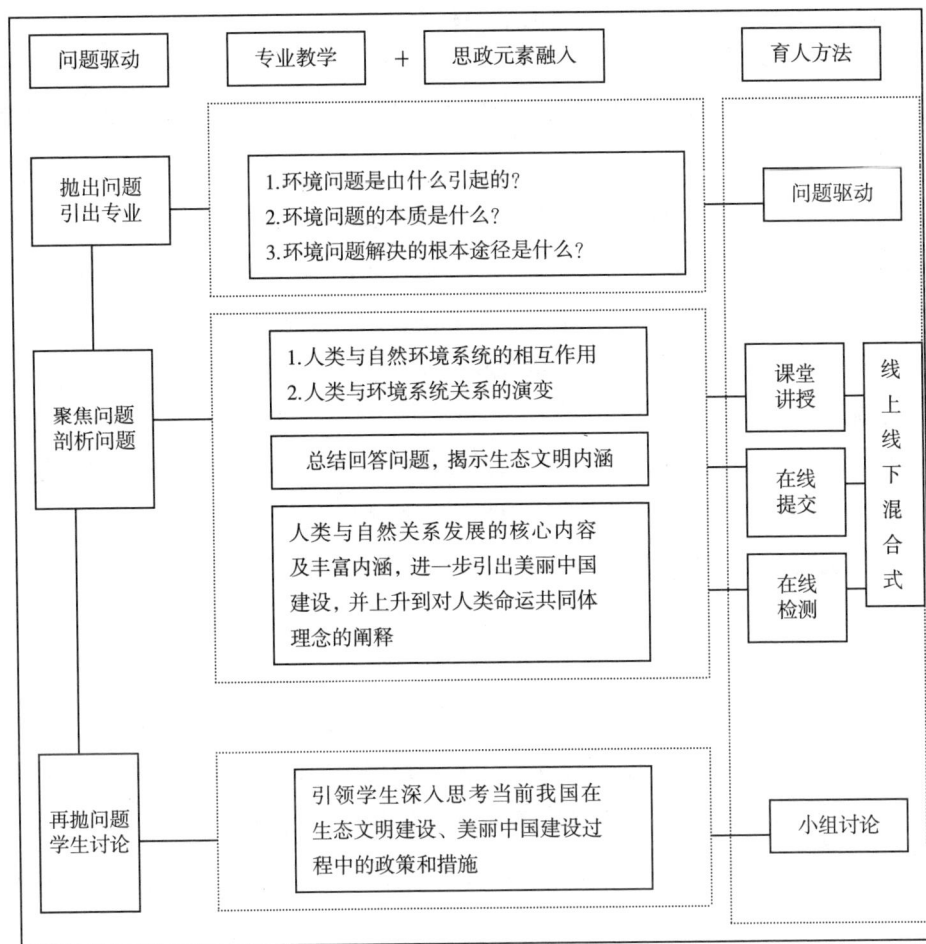

图 7-1　环境类课程生态文明观思政教学设计

（一）原始文明时期的崇拜自然——原始环境问题

在原始文明时期，人类与自然的关系主要表现为崇拜和依赖。教学内容将重点讲解人类对自然的敬畏和崇拜，以及原始环境问题的产生。教学方法可以采用以下策略。

1. 讲授

原始文明时期的人类对自然的态度是基于对自然力量的崇拜和敬畏。人类对自然现象的解释往往是神话和传说，认为自然界的每一个现象和自然力量都有其所属的神灵或神明。这种崇拜和敬畏之情在当时的生活中表现得淋漓尽致，人们依赖自然界提供的食物、水源和庇护所，同时也在祭祀仪式中向自然力量表达崇敬之情。通过讲述这些历史背景和事实，可以引导学生了解原始文明时期人类与

143

自然的互动方式，以及人类对自然的崇拜和依赖程度。

2. 案例分析

古代部落对自然神灵的崇拜和祭祀仪式是原始文明时期人类与自然互动的重要表现之一。在各种祭祀仪式中，人们通过祭祀神灵、献祭物等方式来祈求自然的恩赐和庇护，希望自然能够给予丰收、福祉和安全。例如，古代印第安部落会在播种季节举行仪式，祈求土地的肥沃和丰收；古埃及人会举行尼罗河的祭祀，祈求河水的润泽和保护。这些案例可以帮助学生理解原始文明时期人类与自然的密切联系，以及人类对自然力量的崇敬和依赖。

3. 探讨讨论

除了祭祀仪式外，原始文明时期人类还面临着诸多环境问题，如气候变化、资源匮乏等。在探讨讨论环节，可以引导学生思考以下问题：

（1）原始文明时期人类是如何应对自然灾害和气候变化的？

（2）原始社会的资源利用方式是否存在问题？是否出现了过度开采和破坏环境的现象？

（3）人类对自然的崇拜和依赖是否成为解决环境问题的障碍？

通过深入地探讨和讨论，学生可以更全面地理解原始文明时期人类与自然的关系，以及当时所面临的环境问题，从而拓展对环境问题的认识和理解。

（二）农业文明时期的顺从自然、改造自然——"第一次浪潮"的环境问题

农业文明时期，人类逐渐掌握了农耕生产技术，开始在一定程度上改造自然。教学内容将围绕农业文明时期的环境问题展开，教学方法包括：

1. 课堂讲解

在课堂讲解环节，教师可以首先介绍农业文明时期的背景和特点，然后重点解释人类对自然资源的过度利用和环境破坏。具体内容包括：

（1）土地沙化：随着农业的发展和扩张，土地的过度开垦和耕作导致了土壤的流失和贫瘠化，进而引发土地退化问题。

（2）水土流失：农业生产中的过度开荒和不合理的耕作方式导致了水土流失的严重问题，使得水资源和土壤受到了严重破坏。

（3）水资源过度开采：随着农田灌溉的需求增加，人类对水资源的过度开采和利用导致了水资源的枯竭和水质的恶化。

通过讲解这些问题，可以让学生了解农业文明时期人类活动对自然环境造成的影响，引发学生对环境问题的思考和关注。

2. 影像资料

在利用影像资料的环节，教师可以通过图片、视频等形式展示农业文明时期的环境问题，以直观的方式呈现给学生。影像资料可以包括：

（1）农田开垦和耕作过程中土地沙化和水土流失的情况；

（2）农田灌溉和水资源过度开采的影响，如湖泊干涸、河流断流等情景；

（3）农业活动对生态系统和生物多样性的破坏，如森林砍伐和野生动物栖息地的丧失。

通过影像资料的展示，可以使学生更加直观地了解农业文明时期人类活动对环境造成的影响，加深他们对环境问题的认识和理解。

3. 小组讨论

在小组讨论环节，教师可以组织学生分成小组，针对农业文明时期的环境问题展开讨论。学生可以讨论以下问题：

（1）农业文明时期人类对自然环境的依赖和改造方式；

（2）环境问题的产生原因及其对人类社会的影响；

（3）如何从历史经验中汲取教训，提出应对环境问题的建议和措施。

（三）工业文明时期的征服自然——"第二次浪潮"的环境问题

工业文明时期，工业化进程加剧了对自然资源的开发和利用，环境问题日益突出。教学内容将重点介绍工业文明时期的环境问题，教学方法包括：

1. 案例分析

在案例分析环节，教师可以选择一些典型的工业革命以来的环境案例，如工业污染、大气污染、水污染等，引发学生对工业化进程对环境的影响的思考。具体可以分析以下内容：

（1）工业污染：工业化进程中大量的工厂排放废水、废气和废渣，对周围环境造成污染，影响了土壤质量和水质。

（2）大气污染：工业时期大量的燃煤和工业排放释放出大量的污染物，导致了空气质量下降，形成雾霾、酸雨等大气污染问题。

（3）水污染：工业时期的工厂排放和废水排放，使得河流和湖泊遭受了污染，影响了水生态系统和水资源的可持续利用。

通过案例分析，可以使学生更加直观地了解工业文明时期的环境问题，并引发他们对环境保护的思考和关注。

2. 实地调研

在实地调研环节，教师可以组织学生进行实地考察，考察工业化城市的环境问题，如工厂排放、空气质量、水体污染等。学生可以通过实地考察，亲自感受工业化进程对环境的影响，从而加深对环境问题的理解和认识。

3. 角色扮演

在角色扮演环节，教师可以设计一些与工业时期环境相关的角色，如工业资本家、环境保护者、工人等，让学生通过角色扮演的方式深入了解工业文明时期的环境冲突与矛盾。学生可以通过角色扮演，模拟工业化时期不同利益相关者之间的争议和冲突，从而更好地理解工业化进程对环境和社会的影响。

（四）信息文明时期的和谐自然——"第三次浪潮"的环境问题

在当代，随着社会经济的发展和科技的进步，人类面临着新的环境挑战。教学内容将聚焦于当代环境问题，包括气候变化、生物多样性丧失、资源枯竭等，教学方法包括：

1. 前沿讲座

前沿讲座是了解当代环境问题的重要途径，通过邀请相关领域的专家学者进行前沿讲座，可以让学生了解最新的研究成果和科学观点，从而深入了解当代环境问题的现状和趋势。专家学者可以分享他们的研究成果，介绍气候变化、生物多样性丧失、资源枯竭等问题的原因、影响和应对措施，为学生提供深入了解环境问题的机会。

2. 学生研究报告

学生研究报告是培养学生科研能力和分析问题能力的有效方式。教师可以将学生分成小组，选择某一当代环境问题进行深入研究，通过查阅文献、采集数据、实地调研等方式，撰写研究报告并进行汇报和分享。学生研究报告不仅可以提高学生的专业知识水平，还可以培养其团队合作能力和表达能力，促进学生全面发展。

3. 专题讨论

专题讨论是促进学生思维碰撞和知识交流的有效方式，通过设计专题讨论课，可以让学生就当代环境问题展开深入讨论，探讨可能的解决方案和未来发展趋势。

教师可以提供一些讨论话题或案例，引导学生展开思维，交流观点，激发创新思维。通过专题讨论，学生不仅可以提高自己的思辨能力和批判性思维能力，还可以增进对当代环境问题的理解和认识。

三、思政元素及其融入点

具体融入点如下。

（一）辩证地分析人类与自然环境系统的相互作用

1. 融入点

通过辩证地分析人类与自然环境系统的相互作用，揭示二者发展演变的"冲突点"与"和谐点"。

2. 具体做法

在教学中，引导学生分析人类活动对自然环境的影响，探讨人类行为与自然环境之间的矛盾和冲突。通过案例分析和实地考察，让学生了解不同行为背后的环境影响，引发他们对环境问题的深入思考。

（二）结合不同时期人类与自然环境的关系及相应的环境问题

1. 融入点

结合不同时期人类与自然环境的关系和相应的环境问题，揭示当前环境问题产生的原因及本质，阐明生态文明内涵及其意义。

2. 具体做法

教学中，通过历史回顾和案例分析，让学生了解不同历史阶段人类与自然环境的关系以及相应的环境问题。引导学生思考人类活动背后的价值取向和行为模式，以及这些模式对环境的影响，培养学生的历史意识和环境责任感。

（三）阐明当前及今后人类与自然关系发展的核心内容及丰富内涵

1. 融入点

以生态文明、美丽中国建设、"绿水青山就是金山银山"为融入点，让学生认识到生态文明建设是解决当前环境问题的根本途径。

2. 具体做法

在教学中，通过介绍生态文明建设的理念和实践，让学生了解到生态文明建设是当前和未来人类与自然关系发展的核心内容。引导学生思考如何倡导绿色发展理念，实现资源可持续利用和生态环境保护的统一，培养学生对美丽中国建设的认同和支持。

（四）探索我国生态文明建设政策

1.融入点

通过小组讨论，引导学生思考当前我国在生态文明建设、美丽中国建设过程中采取了哪些政策和措施来促进人类与自然环境关系的和谐。

2.具体做法

设计小组讨论课程，让学生在小组内交流和分享各自的观点和看法。教师可以提供相关政策文件和实践案例，引导学生分析政策的制定背景、目的和影响，让他们了解政府和社会组织在生态文明建设中的作用和责任。通过讨论，激发学生的参与热情，促进他们的思考和学习。

第三节　实践思政育人模式的关键要素与实施路径

一、优化教育资源配置与组织管理机制

教师对课程思政的认知程度至关重要，应凝聚教师团队力量，坚持"立德树人"的中心思想，以本科教学团队为抓手，合理进行顶层设计，不断提高教师的思想站位，加强协作共建，教学中增加集体备课、内部培训、讨论交流，不断提升教学水平，凝心聚力将德育教学效果实现最大化。当前正值"十四五"开局关键时期，教师可以在"环境管理与规划"教学中融入十九届五中全会精神，让学生了解到目前生态环保任重而道远。在"环境生态学"课程中融入"十四五"时期依然要坚定不移地贯彻创新、协调、绿色、开放、共享的新发展理念。通过多门课程的共同导入与宣讲，让学生有效了解保护环境于我国当前发展的重要性和必要性，凝聚学生的奋斗精神和进取精神，激发学生的动力和潜能，实现思政育人。

（一）凝聚教师团队力量

在当今教育领域，教育资源的优化配置与组织管理机制的完善对于提升教学水平和德育教学效果至关重要。首先，要深刻认识到教师对于课程思政的认知程度在教育中的重要性。因此，应该着眼于凝聚教师团队的力量，形成合力，以共同推动课程思政的实施。

一方面，我们要坚持"立德树人"的中心思想，将其作为教育教学的根本目

标。通过以本科教学团队为抓手，进行顶层设计，不断提高教师的思想站位，将德育教学置于教育工作的核心地位。这需要教育管理者加强对教师的理念教育，引导教师认识到德育工作的重要性，以及如何在教学中贯彻"立德树人"的理念。

另一方面，要加强教师团队的协作共建。通过集体备课、内部培训、讨论交流等形式，不断提升教师的专业水平和教学能力。例如，可以组织专题讲座、研讨会等活动，邀请相关领域的专家学者进行授课和交流，以拓宽教师的学术视野和教学思路。

这种协作共建的机制不仅有助于提高教师的教学水平，还能够凝聚教师的团队精神和凝聚力。在这样的团队氛围中，教师可以相互学习、相互促进，共同探讨教学中遇到的难题和挑战，共同寻求解决方案，从而推动教育教学工作的不断创新与发展。

（二）融入时代精神，实现思政育人

当前正值"十四五"开局关键时期，教师在课程教学中融入时代精神，将有助于实现思政育人的目标。具体而言，可以在相关课程中融入十九届五中全会精神，引导学生深刻了解和认识到当前生态环保的重要性和紧迫性。

例如，在"环境管理与规划"的教学中，可以通过案例分析、讨论等方式，引导学生思考如何贯彻落实十九届五中全会关于生态文明建设的重要部署，以及个人在环保行动中的责任与担当。通过这样的教学设计，不仅可以提高学生对生态环保问题的认识和理解，还能够激发他们的环保意识和行动力，从而培养他们的社会责任感和环保意识。

同时，在"环境生态学"等相关课程中，也可以融入"十四五"时期的发展理念，引导学生深入思考中国在新时代下的发展路径和战略选择。通过对国家发展战略的解读和分析，引导学生认识到创新、协调、绿色、开放、共享的新发展理念对于推动中国经济社会发展的重要作用，以及个人在其中的角色和责任。

通过多门课程的共同导入与宣讲，可以使学生全面、系统地了解到保护环境对于我国当前发展的重要性和必要性，进而凝聚学生的奋斗精神和进取精神，激发他们的动力和潜能。这样一来，不仅可以提高学生的学术水平和专业素养，还可以培养他们的社会责任感和家国情怀，实现思政育人的根本目标。

二、创新教学内容与方法手段

金课建设已成为提升教师教学水平的有效手段。实验类金课的打造则对学生动手操作能力及教师的教育教学水平提出了更高的要求。应将"规则意识""工匠精神"等思政理念融入"环境分析检测""大气污染控制工程"实验课中，让学生在实践中收获知识和做人的道理。同时利用"互联网＋"平台录制课程实验原理及实验过程视频，将其应用于课堂教学和实验操作回顾与总结，在实验中培养学生的安全意识和责任意识。通过线上线下教学将理论与实践相结合、知识性与趣味性相结合、思政与课程相结合，有效加强实验类金课的建设。

（一）挖掘环境类专业理论课思政元素

整合课程内容，挖掘课程中蕴含的思政元素，将习近平生态文明思想与课程知识传授内容紧密融合。为将思政元素更好地与环境类专业课程有效融合，在环境类专业课程改革创新中，应从源头抓起，做好顶层设计，找寻课程思政点，充分挖掘思政元素，有效宣扬绿色环保、生态文明建设的发展理念，使学生从内心深处主动接受，而不是被动接受。对于环境类专业课程而言（如水污染控制工程、大气污染控制工程、固体废弃物污染控制工程、物理性污染控制工程等），均要从课程本身出发，充分挖掘思政元素，实现专业知识点和思政元素的有效融合。

1.思政元素的挖掘与课程整合

在环境类专业课程中，如水污染控制工程、大气污染控制工程等，将思政元素融入其中是十分重要的，它不仅可以提升学生的学术水平，更能够培养学生的社会责任感和家国情怀。因此，在课程改革创新中，应从源头抓起，充分挖掘思政元素，并将其与专业知识传授内容紧密融合。

首先，顶层设计至关重要。教育管理者和教师应该在课程设计阶段就充分考虑如何将思政元素融入课程中。例如，在制定课程大纲时，可以明确思政教育的目标和要求，将其作为课程的重要组成部分。

其次，要找寻课程思政点。通过分析课程内容和学科特点，找到与思政教育相关的知识点和话题，将其作为融入思政元素的切入点。例如，在水污染控制工程课程中，可以关注水资源的重要性和保护措施，引导学生认识到水资源是珍贵的国家财富，需要我们每个人都来珍惜和保护。

2. 思政元素与专业知识的融合实践

以大气污染控制工程课程为例，如何将思政元素与专业知识有效融合，提升教学效果，培养学生的社会责任感和创新实践能力是关键所在。

（1）引入责任感和忧患意识

在介绍城市大气环境质量现状时，教师可以引导学生思考自己作为环境专业人才的责任和使命。通过案例分析和实地调研，让学生深刻了解大气污染对人类生活和健康的影响，激发其对环境问题的责任感和忧患意识。

（2）彰显大国担当和爱国意识

在介绍温室效应、酸雨、臭氧层损耗等大气污染问题时，教师可以结合国家战略和政策，引导学生思考中国在应对气候变化和环境保护方面的作为和努力。通过讨论中国在国际环保事务中的地位和责任，培养学生的爱国情怀和大国担当意识。

（3）体现工匠精神和创新实践能力

在介绍除尘系统和设备设计等专业知识时，教师可以强调工匠精神的重要性，并鼓励学生积极参与设计、改进工作。通过实验设计和工程实践，培养学生的创新意识和实践能力，使其在解决环境问题的过程中不断探索和创新。

（二）实施基于问题研讨的翻转教学

要想实现环境类专业课程理论知识体系与课程思政的有效融合，需要针对课程体系进行全面深入的改革，课程内容和授课方式也需要随之变革，这需要任课教师在实践中不断探索、积累和总结，探寻适合所教授课程的方式方法。基于问题开展教学，是在新形势下在教学实践过程中凝练的有效方法之一。以大气污染控制工程课程为例，教师在介绍课程内容的同时，有效挖掘思政元素，构建新的课程内容体系和教学案例。新的课程内容体系以习近平总书记关于生态文明建设的重要讲话精神为引领，结合大气污染控制工作的重要性和意义、相关案例来讲述理论知识，有效实现环境知识和思政元素的深度融合，实现润物无声的课程思政效果。同时，设置若干个翻转研讨课题，以此来增加课程的挑战度，有效激发学生主动思考的意识。此外，在教学中结合实际工程案例和科研成果，有效训练学生综合解决环境问题的能力。例如，教师在介绍颗粒污染物控制技术中的电除尘技术时，从电除尘技术的发展历程和基本原理、电除尘器设备及其发展趋势等方面展开，结合我国电除尘器的应用现状及存在的问题，从实际工程案例出发，引导学生进行思考和讨论，使学生全面了解电除尘技术，加深对除尘技术革新、除尘技术及装置研发的理解和认识，培养工匠精神和创新精神。

（三）开展基于实验和实践教学的课程思政改革

课堂教学与课下实践相结合，使课堂得以延伸，打造德育大平台。环境类专业的很多课程实践性强，而且在实践过程中存在一定的探究性。因此，在专业实验课中融入思政元素也是课程思政建设的重要环节。例如，某校在环境工程专业所开设的水污染控制实验、大气污染控制实验、固体废弃物控制实验等专业实验中，将思政元素有机融入专业实验内容，学生可以直观观察实验装置和污染物处理工艺，了解每个零部件的加工和运行情况，结合教师的讲解，加深对污染控制技术及装备的认知，增强环境保护意识。

1. 课堂教学与实践相结合，打造德育大平台

课堂教学与实践相结合，作为当今课程思政改革的重要趋势，在环境类专业中扮演着关键角色。特别是在水污染控制、大气污染控制、固体废弃物控制等实验课程中，融入思政元素是促进学生全面发展的有效途径。通过将思政元素有机融入专业实验内容，不仅可以深化学生对环境问题的认识，还能够培养他们的社会责任感和创新能力。

（1）实践探索与知识传授相结合

在环境类专业的实验课程中，课堂教学与实践相结合，为学生提供了一个理论与实践相结合的学习平台。通过实验操作，学生不仅能够直观地观察到环境污染处理装置的运行情况，更能够将课堂所学的理论知识应用到实际操作中。例如，在水污染控制实验中，学生可以通过调节实验装置，模拟不同污染水体的处理过程，从而深入了解各种污染物的处理方法及其效果。在大气污染控制实验中，学生可以利用气体采样和分析设备，了解不同排放源污染物的排放特征，为制定污染物治理方案提供数据支持。通过这些实践探索，学生不仅能够将理论知识转化为实践能力，还能够培养其解决问题的能力和创新思维。

（2）社会责任感的培养与德育目标的实现

在实验课程中融入思政元素，有助于培养学生的社会责任感和环境意识。通过对环境污染问题的深入探讨和实践操作，学生能够深刻认识到环境污染对人类生活和健康的影响，从而增强环保意识和责任感。例如，在固体废弃物控制实验中，学生可以通过实际操作，了解到不当处理固体废弃物可能会带来的环境污染和生态破坏，从而意识到自己作为环境保护者的责任和使命。通过这样的实践活动，学生不仅能够在专业知识上取得进步，还能够培养出积极的社会责任感和环保意识，实现德育目标的有效落实。

（3）创新能力的培养与综合素质的提升

实践教学环节不仅是知识传授的过程，更是学生创新能力的培养和综合素质的提升的重要途径。在实验操作中，学生需要思考问题、解决难题，培养了他们的创新意识和创造能力。例如，在大气污染控制实验中，学生可能会遇到数据分析不准确或设备故障等问题，需要通过思考和实践找到解决方案，从而培养他们解决问题的能力和团队合作精神。通过这样的实践活动，学生不仅能够掌握专业知识，还能够培养创新能力和实践能力，提升综合素质，为未来的职业发展打下坚实的基础。

2. 在专业实验中融入思政元素

在环境工程专业的实验课程中，将思政元素有机融入其中，不仅是一种教学方法，更是一种德育引导，旨在培养学生的社会责任感、环保意识和创新实践能力。通过专业实验，学生可以直观观察实验装置和污染物处理工艺，深入了解每个零部件的加工和运行情况，从而在实践中感受到环境保护的重要性和紧迫性。

在水污染控制实验中，学生不仅学习到了污染物处理技术，更重要的是通过观察实验过程和分析数据，他们能够深刻领悟到环境污染对人类生活和健康的严重影响。这种亲身经历让学生产生了责任感和忧患意识，意识到每个人都应该为环境保护贡献力量，从而培养了他们的社会责任感和环保意识。

在大气污染控制实验中，学生通过实际操作和数据分析，深入了解大气污染的成因和影响。教师的讲解将思政元素融入其中，引导学生思考中国作为一个大国在应对气候变化和大气污染方面的责任和担当。这种实践活动不仅培养了学生的环保意识，更重要的是树立了他们的大国担当和爱国意识，使学生意识到环境保护是每个公民的责任，也是国家的重要使命。

在固体废弃物控制实验中，学生通过实验操作和废物处理，不仅培养了工匠精神和创新实践能力，更重要的是为环保事业贡献了自己的一份力量。通过实践活动，学生能够体会到环境污染对人类社会和生态系统的巨大影响，进而意识到环境保护的紧迫性和重要性。同时，通过参与废物处理实验，学生不仅提高了专业技能，还培养了其解决环境问题的能力和创新精神，为未来从事环保行业的工作奠定了坚实的基础。

3. 校企合作、产教融合的实践环节

校企合作与产教融合的实践环节是当前课程思政改革中的重要组成部分，为学生提供了与实际工作环境接轨的机会，促进了他们的综合素质和社会责任感的培养。除了实验课程外，学生通过与校外企业和研究院所建立的基地进行实践活动，参与实习参观和课题研究，深入了解了企业的发展历程、企业文化以及企业的社会责任等方面的内容。

在实践活动中，学生不仅是在模拟实验室环境中进行理论学习，更是走进了真实的企业现场，亲身感受到了企业运作的全过程和实际工作的挑战。通过参与实习参观和课题研究，学生得以与企业员工进行交流和互动，了解到了企业的管理模式、技术创新和市场竞争等方面的情况。这种亲身体验不仅让学生对所学知识有了更加深入地理解，也为他们今后的职业发展提供了宝贵的经验积累。

在与企业的互动中，学生不仅学到了课本上学不到的专业知识，更重要的是培养了他们实事求是的态度和创新意识。通过实践活动，学生能够将所学知识应用于实际工作中，解决实际问题，培养了他们解决问题的能力和创新精神。与企业员工的交流和合作也使学生逐渐明确了自己的职业规划和发展方向，增强了他们的就业竞争力。

通过与企业的互动，学生正确认识世界和中国的科技、经济发展形势，增强了政治认同感，提升了文化自信，进一步培养了他们的社会责任感和使命感。学生不仅了解到了企业的经营理念和社会责任，还能够意识到自己作为社会一员的责任和使命，激发了他们为社会发展贡献自己的力量的愿望。

三、强化师资队伍建设与教师培训体系

教师素养决定着教育质量，影响着学生的成长和发展。当今，青年教师队伍已经成为高校教学工作的主力军，他们与大学生年龄相差较小，更易于沟通，在引导学生掌握相应知识的同时，也将对大学生的思想人格产生一定的影响。因此，提升教师的素质能力，尤其是对青年教师的思政培训更是不容忽视。在对教师的发展和培养过程中，应把思政素养提升与教师培训结合起来，将思政元素纳入新教师岗前培训、教学培训等环节中，使思政教育成为教师必修课；教师思政学习与教工党支部党日活动结合起来，将思政元素融入参观学习、集体讨论、主题宣

讲等日常活动中，让思政元素在形式多样的活动中"活起来"；把思政学习与学科交流结合起来，通过跨学院、跨专业的交流学习，了解和学习思政的内容要素和方法要点，让所有课程与思政课同向同行。通过"三个结合"精准发力，锤炼教师自身素养，有效推进课程思政建设。

（一）将思政素养纳入教师培训体系

1. 构建思政教育理论体系

在教师培训的初期阶段，应该通过系统的课程安排，构建起一套完整的思政教育理论体系。这一体系包括对思政教育的重要性、基本原则、方法策略等方面的讲解，使教师能够全面理解思政教育的内涵和要求。

2. 强化思政教育案例分析

在培训过程中，可以通过案例分析的方式，引导教师深入思考思政教育的实际操作。通过分析各种不同情境下的思政教育案例，让教师了解思政教育的灵活性和针对性，培养其应对复杂情况的能力。

3. 开展思政教育实践活动

在培训体系中，应该设置一定的实践环节，让教师能够亲身参与思政教育实践活动。通过组织教师参与学校或社会组织开展的思政活动，如主题教育讨论、社会调研等，让教师深入了解思政教育的实际情况，提升其实践能力和经验积累。

（二）教师思政学习与日常活动相结合

1. 举办思政学习讲座

结合教工党支部党日活动，组织开展思政学习讲座，邀请专家学者就思政教育的相关理论和实践经验进行深入解读。通过专题讲座的方式，让教师在日常活动中接收到系统的思政教育，增强其思政素养。

2. 组织思政主题活动

利用教工党支部党日活动的平台，组织开展一系列思政主题活动，如主题讨论、心得交流、思政演讲比赛等。通过丰富多彩的活动，让教师积极参与思政学习，增强其思政意识和思政能力。

3. 开展思政教育实践活动

在日常活动中，组织教师参与一些具有思政教育意义的实践活动，如社区服务、志愿活动等。通过亲身参与社会实践，让教师感受到思政教育的实际效果，增强其对思政工作的认同和责任感。

（三）思政学习与学科交流相结合

1. 跨学院交流学习

组织教师参与跨学院的学科交流活动，邀请其他学院的专家学者就思政教育的相关话题举办讲座和交流。通过跨学科的学习和交流，让教师了解不同学科对思政教育的理解和实践，拓宽其思政教育的视野。

2. 学科研讨会

定期组织学科研讨会，邀请教师分享自己在思政教育方面的经验和心得。通过学科研讨会的形式，促进教师之间的交流与合作，共同探讨思政教育的新理念和新方法，提升思政教育的水平。

3. 跨专业合作项目

鼓励教师参与跨专业的合作项目，通过开展合作项目，促进不同专业之间的交流与合作，实现思政教育与学科教育的有机融合。通过跨专业的合作项目，拓宽教师的思政教育视野，提升其思政教育水平。

四、大气污染控制工程教学思政教育实践案例

课程思政建设是落实立德树人，培养社会主义建设者和接班人的重要途径和载体。大气污染控制工程是环境类专业的核心课程之一，为充分发挥课程的德育功能，融入课程思政的价值引领具有重要意义。

（一）大气污染控制工程课程思政教学设计

1. 深入分析教学背景，融入多维度环境问题思考

大气污染控制工程的教学活动是在整个时代大背景下进行的，针对层出不穷的大气污染空气问题和各种防治技术手段，可充分激发学生的学习兴趣。因此，对于课程教学背景的内容要精心选择，融入多维度的环境思考，激发同学们的学习热情。大气圈层作为与人类接触最密切的环境要素之一，大气污染和空气质量的下降曾一度引发广大人民群众的关切。党的十九大报告对当前我国社会的主要矛盾做出了新论断，即人民日益增长的美好生活需要和不平衡、不充分的发展之间的矛盾。美好的生活离不开美好的环境，"同处在一片蓝天下，共同呼吸健康的空气"是人们共同的愿望和美好的期待。

大气污染控制工程课程紧跟时代发展步伐，逐步进入人们的视野中，不断得到关注与重视。蓝天白云的保障需要大气污染控制工程的持续发力和稳步落实，

课程的背景教学应当立体深刻。授课过程中可以以我国雾霾发生和持续的过程为例，展示典型的大气污染的影响和治理成效。随后通过大气环境质量的今昔对比，引导学生思考大气污染治理背后，"国家—社会—个人层面"的努力，从多个维度探究大气污染协同治理的成效。借助历史数据分析，展示 2013 年至 2018 年我国 PM2.5 年均浓度的分布与变化。通过动画展示全国 PM2.5 年均浓度分布情况，引导同学们思考 PM2.5 为主要污染物导致的雾霾控制取得显著成效的原因。

（1）从国家层面看

在过去几年里，国家实施了一系列政策，对改善空气质量起到了重要作用。例如，2013 年国务院发布了《大气污染防治行动计划》，其中包含了十项措施，旨在应对大气污染问题。2015 年，中共中央和国务院发表了《加快推进生态文明建设的意见》，为生态文明建设提供了指导。2018 年，国务院发布了《打赢蓝天保卫战三年行动计划》，目的是解决空气污染问题。2019 年，生态环境部、国家发改委等中央部门联合发布了《推进实施钢铁行业超低排放的意见》，以推动钢铁行业的环境治理。这些政策的实施为改善空气质量提供了重要支持，对国家生态环境保护事业的发展起到了积极作用。

（2）从社会层面看

社会各界对大气污染问题的关注度持续增加。据数据显示，2017 年至 2019 年间，国际上关于大气领域的新闻每年都有三至五条。从个人层面来看，公民的环保意识有了明显提升，许多环保领域的专业人士都积极参与到大气环境治理工作中。通过多层次、立体化和启发式的课程设计，引导学生们深刻认识到课程的重要性，激发他们投身大气环境保护事业的热情，进而提升课程教学的质量和效果。

2. 梳理教学内容主线，强化课程情感目标

培养大气污染控制工程教学内容较多，教学框架主要通过"理论＋实验"的形式讲授大气污染物排放源、排入大气环境后经历的一系列环境行为和造成的影响三个方面，遵循"污染—环境—影响"的主线，分别再细化教学章节的介绍。污染物的排放部分主要在第一章概述、第二章燃烧与大气污染、第五章至第六章颗粒污染物控制理论与装置、第七章至第十一章气态污染物控制介绍；污染物进入大气环境进行传输、稀释和自净等部分集中在第三章大气污染气象学和第四章大气扩散浓度估算模式两个章节介绍；大气污染物的环境影响部分，包括对人体健康、材料和全球气候的影响，在第一章概述和第十二章全球气候章节有具体的介绍。通过对本课程教学内容框架的认真梳理和总结，可使学生明晰教学主线，做到心中有数，便于后续有重点地掌握相关知识。

传统的教学方式着重于知识目标和能力目标的培养，但对情感目标的重视和培养程度不够。本课程的教学目标不仅关注学生的知识和能力培养，还致力于使他们具备扎实的理论基础，能够将理论知识与实践技能相结合，培养出具备大气污染控制设备设计能力的专业人才。同时，也要加强情感目标的培养，秉承立德树人的理念，培养学生具有高尚的道德情操和团结协作的精神，引导他们树立正确的环境人生观和价值观，恪守环境保护者的职业道德，培养浓厚的家国情怀，敢于为大气环境治理的伟大事业贡献力量。以中国传统武术为类比，知识和能力目标的达成好比功夫门派与招式的运用，可以施展出各种招数，形成一定的战斗力；而情感目标的达成则类似于内功修炼，不同类型的功夫都需要修炼内功，以提升武术的修为和影响力，融入家国情怀，方能成就大业。通过梳理教学内容主线，强化课程情感目标的培养，增强学生内外兼修的能力，形成高水平的大气污染控制工程专业技能和职业素养。

3. 探索创新教法学法，激发学生课程学习的积极性

教法学法的创新是激发学生课程学习积极性的关键之一。通过探索新的教学方法和学习策略，可以有效地提升学生的学习效果和参与度。在教法方面，突出以学生为主的理念，强调学生的主体地位，采用"导—驱—论—辅"的教学方法是一种有效的途径。首先是"导"，即案例导学。通过生动的案例引入课程内容，将课程思政元素融入案例讨论中，引导学生主动参与讨论和交流，巩固已有知识并自然过渡到新的知识点讲授。其次是"驱"，即任务驱动。通过任务的形式激发学生对知识点的兴趣，引导他们在完成任务的过程中分析问题、互相探讨、总结归纳，从而提升学习能力。接着是"论"，即热点讨论。传统的教学往往以讲授为主，但随着科研进展的不断更新，教材内容可能会滞后。因此，在课程教学中应结合专题研讨和名家讲座，吸纳最新的科研进展，共同探讨环境热点问题，以提升学生的综合能力。最后是"辅"，即课堂辅导。针对课程习题中存在的共性问题，进行集中辅导，解答学生的疑惑，消除学习障碍。

在学法方面，重点培养学生的自主学习能力、体验探究能力和总结反思能力。这意味着学生不仅要掌握知识，还要学会如何学习。通过培养自主学习能力，学生能够主动获取和整合知识，增强学习的自觉性和主动性。体验探究能力则培养学生的实践操作和解决问题的能力，通过实践探索，加深对知识的理解和运用。而总结反思能力则促使学生对学习过程进行深入思考和总结，从中获取经验教训，不断提高学习效果。

4. 专注教学过程设计，彰显课程思政价值引领

教学过程是对教学方法和学习方法的交汇点，充当方法践行的载体和平台的角色，过程设计的好坏直接决定教与学的效果和质量。本课程在教学过程中，设计了六大模块，逐步递进，层层拔高，具体包含案例引入、理论分析、分组讨论、任务评价、知识总结和思政升华等教学环节。其中，通过案例引入环节明确教学的目标和要求；理论分析环节的设计是为了突破教学的难点，对涉及的知识点进行深入的剖析和讲解；分组讨论环节旨在通过讨论形成对重点知识的把握；任务评价环节的设计在于总结和点评分组讨论的成果，攻克重点知识；知识总结环节对于重点难点知识再次重申，强化学生对知识的认知，实现巩固；思政升华环节是教学过程设计的终极目标，通过案例、知识、讨论，穿插课程思政的教学，引导学生红专并进，共同发展。此外，教学还采用"互联网＋教学"的模式，主要通过腾讯课堂和超星学习通软件两个平台进行作业布置，实时地互动、完成作业、提出问题、释疑解惑、习题讲解和网络资源的共享等。

通过线上和线下课程的高效结合，形成教学不停歇、互动不终止的良性循环，在此基础上，深化课程思政的价值引领。

（二）大气污染控制工程课程思政教学的实践

在大气污染控制工程课程思政教学设计的基础上，我们进行了积极的尝试和探索，将课程思政教学设计的理念和过程、运用到教学实践。下面以第一章第二小节"大气污染物和排放源"为例，从课程导入设计、课程思政元素的融入与讲解实例以及教具辅助教学方面进行课程思政教学的实践。

1. 课程导入设计

自新冠疫情暴发以来，气溶胶传播是否成为学术界的关注焦点。2020 年 5 月，一篇来自中国香港大学团队的研究成果发表在国际顶级期刊《Nature》杂志上。研究利用金仓鼠作为动物模型进行了实验，将一只感染新冠病毒的金仓鼠与未感染病毒的金仓鼠进行了气溶胶接触。实验结果表明，新冠病毒可以通过气溶胶传播，使未感染的金仓鼠感染新冠病毒。通过引入这个案例，引导学生思考气溶胶传播病毒的问题。在探索新冠病毒传播途径的过程中，我们多次提到了气溶胶传播，从未有确切证据证明不排除这种传播途径，再到现在有确切的证据表明病毒的气溶胶传播机制。那么实验中所说的大气气溶胶到底是什么？它的组成是什么？为什么能够传播病毒？通过激发学生的学习兴趣，顺利过渡到授课内容，引导学生透过现象看本质，从大气污染控制工程的基础理论角度学习。

2. 课程思政元素的融入与讲解实例

"课程思政"的教学实施有别于专门开设的思政类课程，尤其在工科专业课程的教学中，应该结合相关的知识点融入思政教育的元素，在专业授课的同时以润物细无声的方式进行思想政治的熏陶和教育，强化知识目标、能力目标基础上的情感目标培养。因此，积极挖掘专业课程的思政元素，才能真正发挥课程思政的价值引领功能。以"大气污染物和排放源"这一节授课为载体，从以人为本教育、理想信念教育、社会主义文化自信教育和职业素养教育方面挖掘课程思政的元素。

（1）思政元素 1：以人民为中心的发展思想

以人民为中心这一治国方针理论，在大气污染控制工程教学中也能得到充分体现，该思政元素可以很好地融入大气环境质量标准的修订与改进部分的教学中。我国的《环境空气质量标准》的演变经历了三个阶段：1982 年，我国发布实行《环境空气质量标准》（GB3095 — 82），主要关注 TSP、SO_2、NOx、CO 和 O_3 五种大气污染物；1996 年，《环境空气质量标准》（GB3095 — 1996）在 1982 年发布标准的基础上增加了 PM_{10}、NO_2 污染物的控制；2016 年实施的最新《环境空气质量标准》（GB3095 — 2012）将 PM2.5 纳入其中，对 PM2.5 的控制与国际接轨，在最新的标准中 PM2.5 的二级限值日平均浓度与 2005 年世界卫生组织（WHO）提出的大气污染物环境浓度指导值的第一阶段目标相一致。大气环境标准的愈加严格，体现了以人民为中心的发展理念，国家关心重视人民群众的身体健康，这是最大的人权。

（2）思政元素 2：社会主义文化自信教育

文化自信是一个民族、一个国家以及一个政党对自身文化价值的充分肯定和积极践行，并对其文化的生命力持有的坚定信心。我们有博大精深的优秀传统文化，经过千百年的历史传承已浸润到每一个国人心中，这种价值观已内化于心，外化于行。在大气污染物控制方面的授课突出预防为主的理念，将中医文化之精髓渗透到课程教学中，可培养学生的文化自信。例如，在讲授大气污染物的来源时，自然源由于其分布广和不确定性而难以控制，人为源可控，从源头减少污染是防治大气污染的重点，可以起到事半功倍的效果。与我国两千多年前的中医经典著作《黄帝内经》中"上医治未病，中医治欲病，下医治已病"的理念相一致。以中医施治理念为代表的文化自信教育，让学生在学习过程中了解大气污染防治的知识，从源头上解决大气污染问题，成为大气环境保护领域的"上医"。

3. 教具辅助教学

在课程思政教学中，教具的合理运用是提升教学效果的重要途径。通过设计并运用教具辅助教学环节，可以使同学们更直观地认知大气污染控制领域的最新成果和应用案例。其中，引入大气污染成因和监测分析工具、可视化软件程序等教具，能够激发学生对大气科学研究的浓厚兴趣。

在大气污染研究工具方面，范行军博士自制的空气中颗粒物分级采样装置是一个值得介绍的案例。这一装置在大气颗粒物组成和有机气溶胶理化性质研究方面取得了多篇高水平论文的成果。通过展示这一装置，可以鼓励学生自主探究、积极创新，以投身大气环境保护的研究中。

另一方面，通过对比国产和国外大气环境质量观测软件的差异，可以引发同学们对于软件开发和应用的思考。例如，通过展示 AirVisual（空气质量检测）小程序，可以实时查看某地的环境空气质量指数和生活指导建议。这样的示例既能够展示国外软件在功能和用户体验上的优势，也能够激发学生对于我国在软件开发领域的提升需求和未来发展方向的思考。

通过教具辅助教学，可以使课程思政教学更加生动、具体，激发学生对于专业知识和技能的学习热情。同时，这也有助于将思政元素融入专业课程教学中，实现传授知识与课程思政的有机结合，培养学生的家国情怀和环保意识，为推进生态文明建设作出贡献。相信在课程思政的引领下，培养出的专业人才必将成为我国环保事业的坚定支持者和践行者，为我们的"蓝天白云"共同努力。

第八章　实践思政育人模式的评估与改进

第一节　实践思政育人模式的评价指标体系

一、教育目标达成度评价指标

（一）知识水平的提升

1. 理论知识掌握情况评估

在环境类专业课程思政教育中，评估学生对相关理论知识的掌握情况至关重要。这不仅包括环境科学、生态学、环境工程等专业领域的核心理论知识，还涉及概念的理解、原理的掌握以及理论框架的建立等方面。

第一，对学生理论知识的掌握情况进行评估需要建立清晰的评价体系。这包括确定评估的内容范围，明确评价的标准和方法。例如，可以根据课程大纲和教学目标确定评估的重点内容，再结合课堂讲授、作业完成情况、考试成绩等多种方式来进行评估。

第二，评估过程中需要注重考查学生对理论知识的理解程度。这不仅包括学生是否能正确描述相关概念和原理，还要考查他们对于理论知识背后的逻辑关系和实际应用的认识。通过开展课堂讨论、小组交流等形式，可以促进学生对理论知识的深入理解和思考。

第三，评估的结果应该能够客观反映学生的知识水平提升情况。这需要教师在评估过程中保持客观公正的态度，避免主观偏见的影响，确保评价的准确性和可信度。同时，及时给予学生反馈，指导他们针对不足之处进行提升和改进，促进其知识水平的持续提升。

2. 实践应用能力评估

在环境类专业中，实践应用能力的评估是至关重要的。这涉及学生在实验、实习、项目设计等实践环节中运用所学理论知识解决实际问题的能力。

第一，评估实践应用能力需要结合具体的实践任务和项目要求。例如，对于环境监测项目，学生需要掌握相关的实验技能和仪器操作技术；对于环境污染治理项目，学生需要具备问题诊断和解决方案设计的能力。

第二，评估过程中需要注重考查学生的问题分析能力和解决方案设计能力。这包括学生对实际问题的准确分析和识别，以及能够提出有效的解决方案和措施。通过开展实践项目和案例分析，可以锻炼学生的实践能力，提升其问题解决的水平。

第三，评估结果要能够反映学生实践应用能力的提升情况。这需要结合学生在实践项目中的表现和成果，进行全面、客观地评价。同时，针对学生在实践过程中存在的不足和问题，及时给予指导和建议，帮助他们不断提升实践能力。

3.问题解决能力评价

环境类专业的学生需要具备解决复杂问题的能力，这在实践中尤为重要。评估学生的问题解决能力需要考查他们在实际项目中面临的挑战，并评价其提出的解决方案及其实施效果。

第一，评价问题解决能力需要明确问题的复杂性和实际性。这些问题可能涉及环境污染治理、生态系统保护、资源利用等方面，需要学生能够综合运用所学理论知识和实践技能来解决。

第二，评估过程中需要注重学生解决问题的方法和思路。这包括学生对问题的分析能力、解决方案的设计能力以及实施方案的执行能力。通过对学生在项目中的表现和成果进行评价，可以全面了解其问题解决能力的提升情况。

第三,评估结果应该能够为学生的进一步发展和提升提供有效的指导和支持。学校可以通过设立问题解决能力培养计划、开展案例教学和实践项目等方式，帮助学生不断提升问题解决能力，以应对未来环境领域的挑战。

（二）思想观念的改变

1.价值观念认知评估

评估学生对环境保护、可持续发展等价值观念的认知情况，是评价课程思政对学生思想观念改变的重要指标之一。环境类专业的学生应当具备正确的环境保护理念和生态文明观念，能够理解和支持环境可持续发展的理念。评价该项指标的方法包括：

（1）调查问卷：设计问卷调查，了解学生对环境保护、可持续发展等价值观念的认知程度，包括其对环境问题的认知水平、对生态文明建设的理解程度等。

（2）课堂讨论：在课堂上组织相关讨论，观察学生对环境保护和可持续发展的态度和观点，评估其对这些价值观念的认知程度和理解深度。

2. 社会责任感培养评估

评估学生在课程思政教育中对社会责任感的培养情况，是了解学生思想观念改变的重要途径。学生应当通过课程学习和社会实践，树立正确的社会责任观念，积极参与社会公益活动，为社会作出贡献。评价该项指标的方法包括：

（1）志愿服务记录：记录学生参与的社会公益活动和志愿服务情况，包括参与的项目、服务时间、服务内容等，以评估其社会责任感的贡献程度。

（2）社会反馈和认可：社会对学生社会责任感的反馈和认可，如获得奖项、社会媒体报道等，可作为评价的重要依据。

3. 创新意识培养评价

评估学生在课程思政教育中对创新意识的培养情况，是了解学生思想观念改变的重要方面。环境类专业的学生应当具备良好的创新意识和创业精神，能够在环境科学与工程领域开展创新研究和实践。评价该项指标的方法包括：

（1）科研项目表现：观察学生在科研项目中的表现，包括项目设计、实验操作、数据分析等，评估其创新能力和创业意识。

（2）社会实践成果：考查学生在社会实践中的成果和影响，包括在技术创新、社会创新等方面的表现，以评估其创新意识的培养情况。

（三）社会责任感的培养

1. 社会问题关注程度评估

评估学生对环境、资源、生态等社会问题的关注程度，反映了其社会责任感的认知水平和行动意愿。在课程思政教育中，学生应该通过学习和实践，加深对社会问题的认识和关注。评价学生的社会问题关注程度可以通过以下方式进行：

（1）调查问卷：设计问卷调查，了解学生对不同环境、资源、生态问题的关注程度，以及他们对这些问题的认知和看法。

（2）课堂讨论：在课堂上组织相关讨论，观察学生对社会问题的态度和观点，评估其对社会问题的关注程度和理解程度。

2. 参与社会公益活动评估

评估学生参与社会公益活动的积极性和贡献程度，反映了其社会责任感的实践能力和担当精神。在课程思政中，学生应该通过参与各种形式的社会公益活动，将所学知识与社会实践相结合，为社会作出积极贡献。评价学生的参与社会公益活动情况可以通过以下方式进行：

（1）志愿服务记录：学生参与的志愿服务活动记录，包括服务时间、地点、内容等，用于评估其参与活动的频率和持续性。

（2）活动成果展示：学生参与社会公益活动所取得的成果和影响，如环保宣传活动的效果、社区环境改善的情况等，可作为评价的依据。

3. 社会发展贡献评价

评估学生对社会发展的贡献程度，反映了其社会责任感的实际行动和影响力。在课程思政中，学生应该通过自己的行动和工作，为社会的可持续发展和环境保护作出贡献。评价学生的社会发展贡献可以通过以下方式进行：

（1）实践项目评估：对学生参与的实践项目进行评估，包括项目的实施效果、社会影响等，反映学生在项目中的贡献和作用。

（2）社会反馈和认可：社会对学生贡献的反馈和认可，如获得奖项、荣誉证书、社会媒体报道等，可作为评价的重要依据。

二、教学质量与效果评价指标

（一）教学方法的有效性

1. 课堂讲授效果评估

在评估教学方法的有效性时，课堂讲授是最常见的教学方式之一。评估课堂讲授效果的关键在于教师的讲授内容、方式和学生的反应。具体评估方法包括：

（1）教师表现评估：观察教师的表现，包括授课内容的准备情况、表达清晰度、语言生动性、与学生的互动等，从而评估教师的讲授效果。

（2）学生反馈收集：收集学生对课堂讲授的反馈意见，可以通过课堂问答、反馈表、课后调查等方式获取学生对教学内容的理解程度和满意度，以及对教学方法的评价。

（3）学习成绩评估：通过学生的学习成绩变化来评估课堂讲授效果，包括课堂测试、作业成绩等。

2. 案例分析应用评价

案例分析是一种能够激发学生思维和参与的教学方法，评估其应用效果需要考察以下方面：

（1）案例选择评估：评估教师选择的案例是否具有代表性、启发性和实用性，能够引起学生的兴趣并与课程内容紧密结合。

（2）学生思考和讨论评估：观察学生在案例分析中的表现，包括对案例的思考深度、讨论的积极程度和质量，评估其对案例分析结果的理解和应用能力。

（3）案例分析成果评价：评估学生对案例分析的成果，包括分析结论的逻辑性、解决问题的有效性，以及对课程目标和实践能力的促进程度等。

3. 小组讨论成效评估

小组讨论是促进学生交流和合作的有效方式，评估其成效需要考察以下方面：

（1）小组讨论主题设置评估：评估教师设置的小组讨论主题是否具有针对性和启发性，是否能够引导学生思考和交流，与课程目标和学生需求是否相符。

（2）学生参与度评估：观察小组讨论过程中学生的参与程度和合作效果，包括讨论的活跃程度、发言的质量和数量等，评估其对小组讨论活动的投入程度。

（3）讨论结果评估：评估小组讨论的结果对学生思想观念和解决问题能力的影响，包括讨论结果的质量和深度，以及对学生学习的促进程度等。

（二）教学资源的充分利用程度

1. 教材使用情况评估

在评估教学资源的充分利用程度时，教材是一个重要的方面。以下是对教材使用情况的评估方法：

（1）适配性评估：评估教师选用的教材是否与课程内容和教学目标相适应，是否能够满足学生的学习需求。可以通过课程大纲和教材内容的对比，以及学生的反馈意见来进行评估。

（2）教学效果评估：评估教材对学生知识水平和思想观念的影响。可以通过课堂测试、作业和考试成绩等方式来检验学生对教材内容的理解程度和掌握情况，以及教材对学生思想观念的塑造效果。

（3）教学方法评估：评估教材的使用对教学方法的支持程度。教师可以观察教学过程中是否能够充分利用教材，激发学生的学习兴趣，提高教学效果。

2. 多媒体教学资料应用评价

多媒体教学资料的应用对于提高教学效果具有重要意义，以下是评估其应用效果的方法：

（1）内容丰富性评估：评估多媒体教学资料是否丰富多样、生动直观，能否有效地传递知识和引发学生思考。可以通过观察教学过程中的多媒体内容和学生的反应来评估。

（2）学习兴趣评估：评估多媒体教学资料对学生学习兴趣的影响。可以通过学生的反馈意见和参与度来评估多媒体教学资料是否能够吸引学生的注意力，提高他们的学习积极性。

（3）教学效果评估：评估多媒体教学资料对学生理解能力和学习效果的影响。可以通过课后测验、作业完成情况和课堂表现等方式来评估学生对多媒体内容的掌握情况和对知识的理解程度。

3. 实践教学设备利用情况评估

实践教学设备的充分利用对于学生的实际操作能力和综合素质的提升至关重要，以下是评估其利用情况的方法：

（1）设备完备性评估：评估实践教学设备是否配备完善、设备是否齐全、功能是否正常。可以通过实地考察教学实验室和实践基地来评估设备的使用情况。

（2）学生参与度评估：评估学生在实践环节中的参与程度和积极性。可以通过观察学生的实验操作和项目设计过程中的表现来评估学生的参与度。

（3）教学效果评估：评估实践教学设备对学生实际操作能力和综合素质的提升效果。可以通过实验报告、实践成果展示和综合评价等方式来评估教学效果。

（三）学生学习成果的达成情况

1. 学习成绩评估

学生在课程思政教育中的学习成绩是评价其学习成果达成情况的重要指标。以下是对学习成绩的评估方法：

（1）考试成绩评估：通过考查学生在期中、期末考试中的成绩，包括笔试、口试、实验等各种形式的考核，来评估学生对课程内容的掌握情况和学习成绩。

（2）作业成绩评估：通过评估学生在课程中提交的作业质量和完成情况，包括课堂作业、课外作业、实验报告等，来评估学生对知识的理解和应用能力。

（3）课堂表现评估：通过观察学生在课堂上的参与程度、回答问题的积极性、与同学的讨论互动等方面，来评估学生的学习态度和学习效果。

2.科研成果评价

学生在课程思政教育中积极参与科研活动并取得成果也是评价其学习成果的重要指标。以下是对科研成果的评价方法：

（1）科研项目参与评估：评估学生参与科研项目的情况，包括科研项目的选题、研究方案的设计、实验和调研的过程，以及科研成果的产出情况。

（2）论文发表评价：评估学生在课程思政教育中发表的学术论文数量和质量，包括期刊论文、会议论文等，以及论文的影响因子和被引用情况。

（3）科研奖项评估：评估学生在科研竞赛中获得的奖项情况，包括国家级、省部级和校级科研奖项，以及奖项的级别和影响力。

3.社会实践和竞赛活动评估

学生参与社会实践和竞赛活动也是评价其学习成果的重要方面。以下是对社会实践和竞赛活动的评估方法：

（1）社会实践项目参与评估：评估学生参与社会实践项目的情况，包括志愿服务、社区调查、环境保护等方面的实践活动，以及实践成果的产出和影响。

（2）竞赛成绩评价：评估学生参加学科竞赛并取得的成绩，包括学科竞赛、技能竞赛、创新创业竞赛等，以及在竞赛中展现的创新能力和团队合作精神。

第二节　实践思政育人模式的评估方法与工具

一、定性与定量相结合的评估方法

（一）定性评估方法

在实践思政育人模式的评估中，定性方法是评价其效果的重要手段之一。通过定性方法，可以深入了解学生的思想动态、态度变化和行为表现，从而全面地评价课程的影响和效果。

1.观察学生的行为表现

第一，教师可以观察学生的注意力集中程度。在课堂上，学生是否专注于教师的讲解或课程内容的学习，以及他们是否频繁分神或走神，都可以反映他们对课程的关注程度和兴趣水平。注意力集中的学生通常会表现出目不转睛地聆听教师讲解，积极参与课堂活动。而注意力分散的学生则可能会表现出频繁看手机、四处张望等行为。

第二，观察学生参与讨论的积极性是评价教学效果的重要指标之一。学生是否愿意提出问题、回答问题，以及他们在讨论中的表现是否积极主动，都能够反映他们对课程内容的理解和掌握程度。积极参与讨论的学生通常会展现出主动提问、积极回答问题，甚至与同学展开深入的讨论，而被动参与讨论的学生可能会表现出漠然或沉默的态度。

第三，观察学生之间的互动情况也是评价的重要方面。学生之间的互动可以通过眼神交流、口头交流等方式展现出来，这反映了他们在学习过程中的合作意识和团队精神。良好的互动氛围通常意味着学生之间的相互理解和支持，而冷漠的互动则可能意味着学生之间的交流不足或存在隔阂。

2. 访谈学生的思想动态

通过与学生进行一对一或小组讨论，教师可以获取到更加细致和深入的定性数据，从而全面把握学生的思想动态、态度变化以及对课程内容的理解和反思。以下是一些可能的访谈内容和方式：

第一，教师可以就课程内容展开讨论，了解学生对于不同主题的理解和思考。通过询问开放式问题，教师可以引导学生分享他们对课程内容的认识和看法，包括对于环境问题、社会责任等方面的理解，以及他们对这些问题的个人观点和态度。

第二，访谈可以涉及学生的学习体验和成长感受。教师可以询问学生对于课程的学习体验如何，以及在课程学习中遇到的困难和挑战是什么，他们是如何克服的。此外，教师还可以探讨学生在课程学习中的成长和进步，了解他们对个人发展的认识和期待。

第三，访谈还可以就社会问题展开讨论，了解学生对于社会现实问题的关注和思考。教师可以引导学生分享他们对于当前社会问题的看法，以及他们愿意为解决这些问题做出的努力和贡献。通过这种方式，教师可以促进学生对社会责任的认识和培养，引导他们积极参与社会实践。

3. 分析课堂的互动情况

第一，课堂互动的频率和程度是评价的重要指标之一。教师可以观察学生是否积极参与课堂讨论和交流，以及他们之间的互动频率和质量如何。积极的课堂互动能够促进学生之间的思想交流和碰撞，有助于拓展他们的思维，提升学习效果。

第二，课堂互动的质量和深度也是评价的重要方面。教师可以观察学生的讨论内容是否丰富、有深度，以及是否能够引发思考和启发思想。高质量的课堂互动应该能够围绕课程主题展开，涉及学生的个人见解、案例分析、问题解决等方面，从而促进对学生的思维能力和创新能力的培养。

第三，课堂互动还可以反映学生对课程内容的理解和接受程度。教师可以通过观察学生对课程内容的反馈和思考，了解他们对于所学知识的掌握程度和理解深度。如果学生能够就课程内容提出有建设性的意见和见解，表明他们对课程的理解和应用达到了一定水平。

（二）定量评估方法

除了定性方法外，定量评估也是评价实践思政育人模式效果的重要手段。通过定量方法，可以量化地评价学生的学习成果、满意度和参与度等指标，为评估提供客观的数据支持。

1. 设计问卷调查

定量评估的一种常用方法是设计问卷调查。通过问卷调查，可以量化地收集学生对课程的满意度、参与度和收获等方面的评价。问卷可以涵盖多个方面，如课程内容的质量、教学方法的效果、教师的教学水平等，以全面地评价课程的效果。

2. 测试成绩评估

另一种定量评估方法是通过测试成绩来评价学生的学习水平和对课程内容的掌握程度。教师可以设计与课程内容相对应的测试题目，通过考试成绩来评估学生的学习成果。测试成绩可以客观地反映学生对课程内容的理解程度和掌握程度，为评估提供量化的数据支持。

3. 数据分析和综合评价

定量评估方法还包括数据分析和综合评价。通过对收集到的定量数据进行统计分析和综合评价，可以更加客观地评价实践思政育人模式的效果和影响。数据分析可以帮助教师深入了解学生的学习情况和学习态度，为后续的改进和优化提供科学依据。

二、学生自评与教师评价相结合的评估机制

（一）学生自评的方式与方法

学生自评是评估机制中至关重要的一环，通过学生自我反思和总结，可以更深入地了解他们的学习情况和成长经历。以下是几种常见的学生自评方式与方法：

1. 自我评价表

第一，在自我评价中，学生应该对自己的学习态度进行客观评价。学习态度是决定学习效果的重要因素之一，良好的学习态度可以激发学生的学习动力，增强学习的积极性和主动性。在自我评价中，学生可以反思自己在学习过程中是否保持了认真负责、积极主动的学习态度，是否能够主动解决学习中遇到的问题和困难，以及是否有规律地进行学习并保持学习的持续性。通过对学习态度的自我评价，学生可以及时发现自己在学习过程中存在的不足之处，有针对性地加以改进和调整，从而提高学习的效果和效率。

第二，学生在自我评价中应该对自己学习目标的实现情况进行全面评估。学习目标是学生学习的动力和方向，是学生在学习过程中努力追求的目标和期望。在自我评价中，学生可以对自己在一段时间内制定的学习目标进行评估，分析自己是否能够实现既定的学习目标，以及实现目标的过程中是否存在哪些问题和困难。同时，学生还可以对自己在实现学习目标过程中所取得的成绩和进步进行客观评价，发现自己的学习优势和不足，为今后的学习提供有益的借鉴和指导。

第三，学生在自我评价中还应该对自己的学习方法和学习策略进行深入分析和总结。学习方法是学生学习的手段和途径，直接影响着学生学习的效果和效率。在自我评价中，学生可以对自己在学习过程中所采用的学习方法和学习策略进行评价，分析其优缺点和适用范围，找出适合自己的学习方法和策略，并加以改进和完善。同时，学生还可以结合自己的学习经验和体会，提出对今后学习方法和学习策略的改进和调整建议，为自己的学习铺平道路。

第四，在自我评价中，学生还应该对自己的学习效果和学习成绩进行客观评价。学习效果是学生学习的重要指标之一，直接反映了学生在学习过程中所取得的成果和进步。在自我评价中，学生可以对自己在一段时间内所取得的学习成绩进行全面评估，分析其优缺点和不足之处，找出影响学习效果的主要原因，并提

出改进和提高学习效果的具体措施和建议。同时，学生还可以结合自己的学习目标和实际情况，对今后学习效果和学习成绩提出合理的期望和要求，为自己的学习之路指明方向。

2.学习日志

第一，在撰写学习日志时，学生应该及时记录自己每天的学习计划和完成情况。学习计划是学生规划学习过程的重要依据，它可以帮助学生合理安排学习时间和任务，提高学习效率和效果。在学习日志中，学生可以详细记录每天的学习计划，包括学习的内容、学习的时间安排和学习的目标等，以及实际完成情况和存在的差距。通过及时记录学习计划和完成情况，学生可以及时发现自己在学习过程中存在的问题和不足，为下一步的学习提供有益的参考和借鉴。

第二，在撰写学习日志时，学生应该及时记录自己在学习过程中所遇到的困难和问题，并分析其产生的原因和解决的方法。学习过程中难免会遇到各种各样的困难和问题，如学习内容的难度较大、学习方法不当等。在学习日志中，学生可以详细描述自己在学习过程中所遇到的困难和问题，分析其产生的原因和影响，并探讨解决问题的方法和策略。通过及时记录和分析学习过程中所遇到的困难和问题，学生可以积累解决问题的经验和方法，提高自己解决问题的能力和水平。

第三，在撰写学习日志时，学生还应该及时记录自己在学习过程中所取得的收获和感悟。学习过程中不仅有困难和挑战，更有收获和成就。在学习日志中，学生可以详细描述自己在学习过程中所取得的收获和感悟，包括对学习内容的理解和掌握、对学习方法的认识和应用、对自己学习能力和水平的提高等。通过及时记录和总结学习过程中所取得的收获和感悟，学生可以不断激发学习的兴趣和动力，促进自我成长和提升。

第四，在撰写学习日志时，学生应该不断进行自我反思和总结，发现自己在学习过程中存在的不足之处，并提出改进和提高的建议和措施。学习日志不仅是对学习过程的一种记录，更是对学习过程的一种反思和总结。在学习日志中，学生可以不断反思自己的学习状态和学习方法，分析自己存在的问题和不足之处，并提出改进和提高的建议和措施。通过不断进行自我反思和总结，学生可以及时发现自己在学习过程中存在的问题和不足之处，为今后的学习提供有益的借鉴和指导。

3.学习总结报告

第一，在学习总结报告中，学生应该对自己在学习过程中制定的学习目标进行全面评估和总结。学习目标是学生学习的动力和方向，是学生在学习过程中努力追求的目标和期望。在学习总结报告中，学生可以详细描述自己制定的学习目标，分析自己是否能够实现既定的学习目标，以及实现目标的过程中遇到的困难和挑战。同时，学生还应该对自己在实现学习目标过程中所取得的成绩和进步进行客观评价，发现自己的学习优势和不足，为今后的学习提供有益的借鉴和指导。

第二，在学习总结报告中，学生应该对自己在学习过程中遇到的困难和挑战进行深入分析和总结。学习过程中难免会遇到各种各样的困难和挑战，如学习内容的难度较大、学习方法不当等。在学习总结报告中，学生可以详细描述自己在学习过程中遇到的困难和挑战，分析其产生的原因和影响，并探讨解决问题的方法和策略。通过深入分析和总结学习过程中所遇到的困难和挑战，学生可以积累解决问题的经验和方法，提高自己解决问题的能力和水平。

第三，在学习总结报告中，学生还应该对自己在解决问题过程中所取得的经验和收获进行全面总结和反思。解决问题是学生学习过程中的重要环节，也是学生成长和提升的重要途径。在学习总结报告中，学生可以详细描述自己在解决问题过程中所取得的经验和收获，包括学习方法的调整和优化、学习策略的改进和完善等。通过全面总结和反思解决问题的经验和收获，学生可以不断提高自己解决问题的能力和水平，为今后的学习提供有益的借鉴和指导。

第四，在学习总结报告中，学生应该提出对今后学习的改进和提高的建议和措施。学习总结报告不仅是对过去学习的总结和反思，更是对未来学习的规划和展望。在学习总结报告中，学生可以根据自己的学习经验和体会，提出对今后学习的改进和提高的建议和措施，包括学习方法的调整和优化、学习计划的合理安排和执行等。通过提出合理的建议和措施，学生可以为自己未来的学习提供有益的指导和借鉴，实现自我价值的最大化。

（二）教师评价的内容与方式

教师评价是评估机制中的重要组成部分，教师可以从专业的角度对学生的学习情况和表现进行客观评价。以下是几种常见的教师评价内容与方式：

1.课堂表现评价

教师可以通过观察学生在课堂上的表现来评价他们的学习态度和参与度。课堂表现评价可以包括学生的听课专注度、提问和回答问题的积极性、与同学之间的合作和互动等方面。

2. 作业质量评价

教师可以对学生的作业质量进行评价，包括作业的完成情况、内容的准确性和深度、表达方式的清晰度等方面。通过作业质量评价，教师可以了解学生对课程内容的掌握程度和理解水平。

3. 参与度评价

教师可以评价学生在课程学习中的参与度，包括课堂讨论的积极性、小组合作的配合程度、课外活动的参与情况等方面。参与度评价可以反映学生对课程的投入程度和学习态度。

三、利用问卷调查、访谈等工具进行评估

（一）利用问卷调查进行评估

问卷调查是一种常用的评估工具，可以广泛地了解师生对课程思政的认知和评价。在实践思政育人模式的评估中，可以通过设计问卷调查收集师生的意见和反馈，以获取更加客观和全面的评价数据。

1. 设计问卷内容

在设计问卷时，应充分考虑评估的目的和内容，包括教学内容、教学方法、教学资源利用情况等方面。可以设计多个问题涵盖课程的各个方面，例如：

（1）对课程内容的认知：学生对课程内容的了解程度和兴趣程度如何？

（2）对教学方法的评价：学生对教师的授课方式、课堂互动等方面有何评价？

（3）对教学资源利用情况的评价：学生认为教师是否充分利用了多媒体教学资料、实践教学设备等资源？

2. 实施问卷调查

在实施问卷调查时，应确保问卷设计合理、问题清晰，并确保问卷的回收率和有效性。可以通过课堂发放纸质问卷或者在线平台进行问卷调查，以方便学生填写并及时收集数据。

3. 分析问卷结果

收集完问卷数据后，应对结果进行统计分析和解读，以获取评估的具体情况

和结论。可以利用统计软件对问卷数据进行处理，得出各个问题的得分情况和整体评价结果，从而为评估结果的准确性提供支持。

（二）利用访谈进行评估

访谈是一种深度了解师生思想和感受的方法，可以在评估中深入探讨学生的思想观念、学习体验和成长感受，从而更加全面地了解课程对学生的影响和作用。

1. 确定访谈对象

在进行访谈时，可以选择具有代表性的学生和教师作为访谈对象，以确保获取的信息有代表性和可信度。可以选择学习成绩好坏各不相同、对课程认知程度不同的学生，以及教学经验丰富或者是新近加入教学团队的教师进行访谈。

2. 设计访谈提纲

在设计访谈提纲时，应围绕评估的目的和内容确定问题，并确保问题具有针对性和开放性。可以包括对学生学习体验、课程内容理解、教学方法评价等方面的问题，以及对教师教学经验、教学资源利用情况等方面的提问。

3. 开展访谈

在开展访谈时，应确保与访谈对象进行充分沟通，营造良好的谈话氛围，并记录访谈过程中的重要观点和发现。可以选择面对面的访谈方式或者通过电话、视频等方式进行访谈，以便访谈对象的参与和表达。

4. 分析访谈结果

对访谈结果进行整理和分析，提炼出关键信息，并与问卷调查等其他评估方法的结果进行对比和综合分析。可以通过归纳总结访谈过程中涉及的观点和意见，为评估结果的准确性和可信度提供支持和保障。

第三节　模式改进与优化的途径与措施

课程思政的评价不能仅依靠学校的教学效果反馈和学生单一的教评结果，还应关注学生成长的家庭环境和学生毕业后就职的企业，从学生、学校、家庭、企业入手，建立"四方反馈"机制，增强思政育人的实效性和针对性。透过学生和学校的视角，教师可以直接了解到课程思政的渗透与融合效果，同时，也应结合家访、谈心谈话等形式定期与家长交流，了解思政育人对学生学习和生活产生的影响和变化。加强企业走访也是了解学生素质与能力、增强课程思政建设的一条途径。如某环境类企业要求，新入职学生要热爱生态环保事业，树立节约资源、绿色低碳的发展理念，具备团队合作、精益求精的品质。企业反馈正是思政元素的准确切入点，在课堂中应融入"做一行，爱一行"的工匠精神。通过学生、学校、家庭、企业的多方反馈，教师不断改进思政元素融入教学的方式，通过教育合力，有效提升学生的知识储备能力和职业素养。

一、课程思政的评价机制优化

评价课程思政的实效性和针对性是促进其改进与优化的首要任务。传统的评价方式主要依赖学校的教学效果反馈和学生的教评结果，然而，这种单一的评价方式存在着局限性。因此，建立"四方反馈"机制是一项重要的改进举措。这一机制将学生、学校、家庭和企业纳入评价的范畴，以全方位、多角度地了解课程思政的实际影响和效果。

（一）建立"四方反馈"机制的重要性

传统的评价方式虽然能够提供一定程度上的反馈信息，但其局限性也日益显现。针对这一问题，建立"四方反馈"机制是一项重要的改进举措，有助于全面、多角度地评价课程思政的实效性和针对性。该机制将学生、学校、家庭和企业纳入评价的范畴，为评估提供了更加全面的数据来源和评价标准。

1. 学生和学校视角的反馈

学生和学校作为课程思政的主要参与者和承担者，其反馈意见对评价课程思政的实效性和针对性至关重要。通过学生的视角，教师可以直接了解课程思政在学生中的渗透与融合效果。学生的观点和反馈可以帮助教师更好地了解课程内容对他们的影响，从而及时调整和改进教学策略。同时，学校的反馈也能具教师提供更全面的评估信息，指导课程思政的进一步优化。

2. 家庭交流的深入了解

家庭是学生成长的重要环境，其教育方式和家庭价值观对学生的思想和行为产生重要影响。因此，加强家访、谈心谈话等形式的交流，可以深入了解思政育人对学生学习和生活的影响和变化。通过与家长的交流，可以更好地了解学生在家庭中接受的教育和价值观，进而推动课程思政在学生家庭教育中的融合和延伸。家庭的反馈可以为学校和教师提供更加全面的学生情况，有助于制定更具针对性的教育方案和政策。

（二）建立"四方反馈"机制的实施途径

为了有效建立和实施"四方反馈"机制，需要采取一系列的措施和途径，以确保评价的全面性和准确性。

1.制定评价标准和指标体系

建立"四方反馈"机制需要明确评价的标准和指标体系，包括评价的内容、方式、频率等方面。这需要学校和教师共同制定，并根据实际情况进行动态调整和优化。

2.加强沟通与合作

建立"四方反馈"机制需要学校、教师、家长和企业之间的密切合作和沟通。学校可以组织相关会议和活动，促进各方之间的交流与合作，共同探讨课程思政的评价方法和改进措施。

3.运用先进技术手段

运用先进的技术手段，如网络调查平台、社交媒体等，可以更加高效地收集和分析评价数据。这些技术手段可以为"四方反馈"机制的实施提供便利和支持，提高评价的准确性和及时性。

4.持续改进和优化

建立"四方反馈"机制不是一蹴而就的，需要不断地改进和优化。学校和教师应结合评价结果，及时调整教学方案和改进措施，以提高课程思政的实效性和针对评价机制的优化，需要持续改进和优化以确保其有效性和适用性。

二、企业走访与反馈的利用

（一）加强与环境类企业的合作与交流

1.建立密切的合作关系

与环境类企业的合作与交流是课程思政优化的关键一环。这些企业在环境保护领域拥有丰富的实践经验和专业知识，为学生提供了宝贵的职业指导和实习机会。与这些企业建立密切的合作关系，不仅可以让学生深入了解行业动态，还能够为课程的内容和形式提供重要参考。

2.了解企业的需求与期望

通过与环境类企业的交流，可以深入了解他们对人才的需求和期望。企业可能更加关注学生是否具备生态环保意识、创新能力和团队合作精神等素质。了解企业的期望，有助于教师调整课程内容和教学方法，使之更加贴合企业的实际需求，提高学生的就业竞争力。

（二）深入了解企业对学生的期待与要求

1. 与企业负责人交流

在企业走访过程中，与企业负责人或人力资源部门进行深入交流是必不可少的。通过与企业领导的直接对话，可以更准确地了解他们对学生的期待和要求。例如，企业可能更加看重学生的实践能力、沟通能力和团队协作精神等方面。

2. 了解行业发展趋势

与企业交流还可以帮助学校了解行业的发展趋势和未来需求，为课程的更新和改进提供重要参考。了解行业的发展方向，有助于学校调整课程设置，培养更符合市场需求的人才。

（三）提升学生的职业素养和竞争力

1. 调整课程的内容和教学方法

利用企业走访的反馈意见，教师可以有针对性地调整课程内容和教学方法，培养学生更符合企业需求的职业素养。例如，可以增加与实际工作相关的案例分析和项目实践，帮助学生提升实际操作能力和团队合作能力。

2. 提供实习和就业机会

通过与企业的合作，学校可以为学生提供更多的实习和就业机会。这不仅有助于学生将理论知识应用到实践中，还可以帮助他们更好地了解职业发展的方向和要求，提高就业竞争力。

三、持续改进与优化的措施

（一）建立定期评估与反馈机制

1. 设立明确的评估周期

建立定期评估与反馈机制是确保课程思政持续改进与优化的关键一环。首先，学校应当设立明确的评估周期，以保证评估工作的连续性和有效性。一般来说，每学期末或每年度末进行一次全面评估是较为合适的。这样的周期性安排能够让评估工作成为一种常态化的活动，有助于及时发现问题、解决困难，并及时调整课程方向。

2. 多方参与评估

在评估过程中，应该邀请多方参与，包括教师、学生、家长和校外专家等，以确保评估结果的客观性和全面性。教师能够提供专业的教学视角，学生则能够提供实际的学习体验，家长能够提供家庭教育的反馈，而校外专家则能够从行业背景和社会需求的视角提供建议。通过多方参与，可以收集到来自不同角度的反馈意见，为改进与优化提供更为全面的参考依据。

3. 建立问题反馈渠道

同时，建立问题反馈渠道是保证评估机制有效运转的重要手段。学生和教师应该有权利和渠道向学校反映课程思政中存在的问题和困惑，学校则应及时采取措施予以解决，以确保教学过程的顺利进行和质量的持续改进。建立有效的问题反馈渠道可以让教师和学生感受到自己的声音被听到，从而增强他们的参与感和归属感，促进教学工作的顺利开展。

（二）鼓励教师创新与实践

1. 提供培训与支持

为了鼓励教师在课程思政教育中进行创新与实践，学校应该为教师提供相应的培训和支持。这种培训不仅是关于课程内容和教学方法的传授，更应该注重启发教师的创造力和激发其教学热情。具体来说，可以采取以下措施：

（1）教学方法培训：为教师提供关于创新教学方法的培训，包括案例教学、项目式学习、互动式教学等，帮助教师丰富教学手段，提升课堂活跃度和学生参与度。

（2）课程设计优化：组织课程设计培训，帮助教师设计富有创意和针对性的课程，符合学生的学习需求和现实社会的发展趋势。

（3）教学资源开发：提供教学资源开发的相关培训，鼓励教师积极开发和利用数字化、多媒体等教学资源，丰富课堂教学内容，增强教学效果。

2. 设立教学创新奖励机制

除了提供培训与支持外，学校还应该设立教学创新奖励机制，对在课程思政教育中有突出贡献的教师给予肯定和奖励。这种奖励机制可以激励教师的积极性和创造力，促进课程的不断改进与优化。具体做法包括：

（1）设立奖项：设立教学创新奖、优秀教师奖等奖项，鼓励教师在课堂教学、课程设计、教学资源开发等方面进行创新实践。

（2）提供奖金或荣誉：给予获奖教师一定额度的奖金或者荣誉称号，以资助其进一步的教学研究和实践活动。

（3）举办交流与展示活动：组织教师交流与展示活动，让获奖教师分享其教学创新的经验和成果，促进教学资源的共享和交流。

（三）加强与社会企业的合作与交流

1.建立长期合作关系

建立长期合作关系是促进课程思政优化的重要举措，尤其是与环境类企业的合作，可以使课程更贴近行业实际需求，提升学生的实践能力和就业竞争力。这种合作关系应该建立在双方互利共赢的基础上，通过深入的交流与合作，不断优化课程内容和教学方式，以更好地服务学生和社会。

第一，建立长期合作关系需要双方共同明确合作的目标和方向。学校需要了解企业的发展战略和人才需求，而企业也应该清楚学校的教育目标和课程设置。只有在双方达成共识的基础上，合作才能够取得长期持续的成果。

第二，建立合作机制是保证合作关系顺利开展的关键。可以通过签订合作协议、建立联合实验室或研究中心等形式，明确双方的责任和义务，规范合作的程序和内容。同时，建立定期沟通和评估机制，及时解决合作中出现的问题，确保合作关系的稳定和持续发展。

第三，充分利用双方的资源和优势，推动合作项目的开展。学校可以提供专业知识和人才支持，开展与企业相关的科研项目和技术服务；而企业则可以提供实践平台和行业经验，支持学生参与实习和项目实践，培养他们的实际操作能力和创新能力。

第四，建立长期合作关系的过程需要不断调整和完善，以适应时代的发展和社会的变化。双方应保持开放的心态，积极倾听对方的建议和意见，不断优化合作项目和合作方式，实现合作关系的持续深化和发展。

2.定期举办企业沟通会议

定期举办与环境类企业的沟通会议是一项有力的举措，旨在加强学校与企业之间的合作与交流，以促进课程思政的持续改进与优化。这种会议不仅可以帮助学校了解企业的发展动态和行业需求，还可以为双方的合作项目提供重要的指导和支持。

第一，定期举办沟通会议有助于及时了解企业的发展动态和趋势。环境类企业处于不断变化的市场环境中，面临着各种挑战和机遇。通过沟通会议，学校可以了解到企业在技术、市场、政策等方面的最新情况，及时调整课程内容和教学方向，确保教育教学工作与时俱进。

第二，沟通会议是双方交流合作意向和需求的重要平台。在会议上，学校可以详细介绍自身的教学资源和专业优势，展示课程设置和教学方案，引导企业了解学校的办学理念和教育目标。同时，企业也可以分享自己的发展规划和人才需求，提出对学校合作的期待和建议。通过充分的交流与沟通，双方可以找到共同的合作点，确定合作方向和项目内容，推动合作关系的进一步发展和深化。

第三，沟通会议还是解决合作中出现问题和矛盾的有效途径。在会议上，双方可以坦诚地表达各自的看法和意见，共同探讨解决方案，寻求合作关系的共赢之道。通过建立开放、诚信的沟通机制，可以及时发现和解决合作中出现的问题，确保合作项目的顺利实施和成效达成。

3. 推动产、学、研结合

产、学、研结合将学术研究、产业需求和教学实践有机结合起来，通过学校、企业和科研机构的合作与交流，为学生提供更加丰富和前沿的教育资源，同时也为产业创新和发展提供智力支持和人才储备。

第一，推动产、学、研结合可以促进教学内容与科研成果的融合。通过与企业和科研机构的合作，学校可以及时了解到行业的最新动态和科研成果，将其融入教学内容中，使教学更加贴近实际应用和前沿技术。例如，在环境类专业中，学校可以与环境保护企业合作开展研究项目，将最新的环保技术和理论应用于教学实践中，提升学生的实际操作能力和创新意识。

第二，产、学、研结合可以为学生提供更广阔的发展空间和实践机会。通过参与产、学、研合作项目，学生可以接触到真实的工作环境和项目需求，积累实践经验，培养解决实际问题的能力和创新精神。同时，学生还可以借助产、学、研平台，参与科研项目，与专业人士和学术导师进行深入交流和合作，拓宽学术视野，提升学术水平和竞争力。

第三，产、学、研结合还可以促进产业的创新和发展。学校与企业、科研机构的合作，可以促进科研成果的转化和产业化，推动技术创新和产业升级。例如，学校可以与环境保护企业合作开展环保技术研究，推动环保产业的发展，为社会经济的可持续发展作出贡献。

参考文献

［1］袁广亮，杨源，冯广海.新形势下理工科专业实验教学内容与体系改革与实践［J］.中国科教创新导刊，2009（35）：14-15.

［2］吴锡平.理工类课程思政元素的挖掘与融入［N］.江苏教育报，2020-01-03（004）.

［3］薄萌萌.高校教师在"课程思政"改革中的元认知过程——质性研究的视角［J］.教育学术月刊，2020（04）：68-74+111.

［4］谭璐.基于多主体协同的"工匠精神"培育机制构建［J］.天津中德应用技术大学学报，2021（01）：79-82.

［5］张彤芳.深入开展高校教师思想政治教育［J］.中国高等教育，2017（18）：59-61.

［6］徐妍，任芝军.思政元素融入环境类专业实践教学的路径探究［J］.决策探索（下），2021（05）：34-35.

［7］周金风，楚纯洁.基于环境类课程思政教学的生态文明观解读与教学建构［J］.大学教育，2022（05）：35-38.

［8］习近平在全国高校思想政治工作会议上强调：把思想政治工作贯穿教育教学全过程开创我国高等教育事业发展新局面［N］.人民日报，2016-12-09.

［9］王贝贝，刘世亮，王俊倩，等.生态环境类课程思政教学体系探索：以污染生态学为例［J］.安徽农业科学，2022（9）：274-276.

［10］梁文俊，刘佳，宋丽云，等.大气污染控制工程课程思政教学体系建设与实践［J］.中国现代教育装备，2021（21）：81-83

［11］邱双成.高校思政课教学现状、问题及对策探析[J].高教学刊，2019（24）：156-158.

［12］张凯，薛丽.浅析高校思政课教学面临的问题及其对策[J].教育现代化，2016（20）：205-206.

［13］习近平在全国高校思想政治工作会议上强调：把思想政治工作贯穿教育教学全过程开创我国高等教育事业发展新局面［N］.人民日报,2016-12-09（1）.

［14］从"思政课程"走向"课程思政"：上海市"课程思政"的实践探索和经验［N］.光明日报,2017-07-20（14）.

［15］《毛泽东思想和中国特色社会主义理论体系概论》编写组.毛泽东思想和中国特色社会主义理论体系概论［M］.北京：高等教育出版社,2018：237-244.

［16］张勇,胡诗朦,陆文洋,等.生态环境类专业的课程思政：以"环境问题观察"MOOC建设为例［J］.中国大学教学,2018（6）：34-38.

［17］彭自然,李娟英,邵留,等.环境评价课程思政教学探索［J］.教育教学论坛,2018（33）：248-249.

［18］许祥云,王佳佳.高校课程思政综合评价指标体系构建：基于CIPP评价模式的理论框架［J］.高校教育管理,2022,16（1）：47-60.

［19］袁利平,李君筱.面向2035的中国高等教育现代化发展图景及其实现［J］.大学教育科学,2021,187（3）：13-22.

［20］黄承梁.树立和践行"绿水青山就是金山银山"理念建设富强民主文明和谐美丽的社会主义现代化强国：学习与解读党的十九大报告关于生态文明建设的战略部署［J］.生态文明新时代,2018（1）：39-43.

［21］陈晓燕,赵霞.思政教育理念在高校环境工程专业教学中的渗透与融入——评《环境工程原理》［J］.环境工程,2021,39（7）：200-201.

［22］环境保护部,国家质量监督检验检疫总局.GB3095—2012环境空气质量标准［S］.北京：中国环境科学出版社,2012.